# Hauptsätze
der
# Planimetrie und Trigonometrie
zum
## Gebrauche an höheren Bürgerschulen
von
**Dr. Th. Lange**
Direktor der Handelsschule zu Berlin.

**Berlin und Leipzig.**
Verlag von J. Guttentag
(D. Collin).
1884.

# Inhalt.

# Vorbegriffe.

Der Punkt hat keine Ausdehnung. — Den Weg, welchen ein Punkt bei seiner Bewegung beschreibt, nennt man eine Linie.

Die Linie hat nur eine Ausdehnung (Länge). Die kürzeste Linie zwischen zwei Punkten ist die gerade Linie (Gerade). Den Weg, welchen eine Linie, die ihren Ort verändert, beschreibt, nennt man eine Fläche.

Die Fläche hat nur zwei Ausdehnungen (Länge und Breite). Eine Fläche, in welcher man von jedem Punkte nach allen Richtungen gerade Linien ziehen kann, heißt eine Ebene. Der Weg, den eine Fläche, welche ihren Ort verändert, beschreibt, nennt man einen Raum.

Der Raum hat drei Ausdehnungen (Länge, Breite, Höhe). Ein allseitig begrenzter Teil des Raumes heißt ein Körper.

Die Lehre von den Gebilden in der Ebene nennt man Planimetrie, die von den Gebilden im Raume, Stereometrie. Die Planimetrie und Stereometrie sind Teile der Geometrie.

# Von der Gleichheit der Strecken und Winkel.

## Von der geraden Linie.

**1.** Zwischen zwei Punkten ist nur eine gerade Linie möglich.

Haben zwei Gerade einen Punkt gemein, so sagt man, sie schneiden einander in diesem Punkte.

Der durch zwei Punkte $A$ und $B$ begrenzte Teil einer Geraden heißt eine Strecke $AB$.

Die Strecken werden nach Metern (m) gemessen.

| | | | |
|---|---|---|---|
| 0,1 Meter | = 1 Decimeter (dm) | 10 Meter | = 1 Dekameter (Dm) |
| 0,01 Meter | = 1 Centimeter (cm) | 100 Meter | = 1 Hektometer (Hm) |
| 0,001 Meter | = 1 Millimeter (mm) | 1000 Meter | = 1 Kilometer (Km) |

Ein Decimeter.

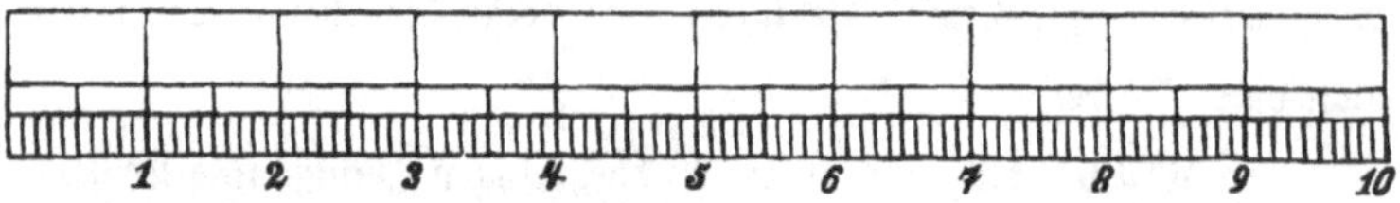


## Vom Winkel.

**2.** Dreht sich eine Gerade $MA$ in dem Punkte $M$ entweder stets nach links oder stets nach rechts, so gelangt dieselbe nach und nach in die Lage jeder Geraden, welche von $M$ ausgeht. Die Größe der Drehung, welche nötig ist, damit eine Gerade $MA$ in die Lage der Geraden $MB$ gelangt, nennt man den Winkel $AMB$. — Die den Winkel einschließenden Geraden heißen seine Schenkel, der Punkt $M$ sein Scheitel.

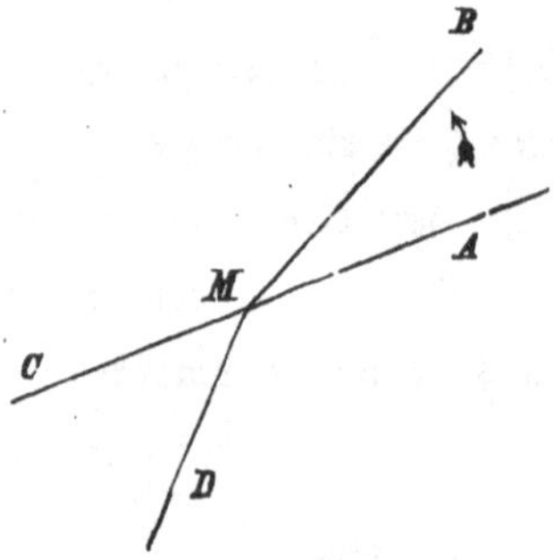


**3.** Ein Winkel $AMC$, bei dem der eine Schenkel in die

Verlängerung des anderen fällt, heißt ein gestreckter Winkel — ein Gestreckter. — Ein Winkel, welcher kleiner ist als ein Gestreckter, heißt hohl (concav), einer, der größer ist als ein Gestreckter, heißt erhaben (convex). Wir betrachten im allgemeinen nur hohle Winkel.

**4.** Alle gestreckten Winkel sind einander gleich; denn sie lassen sich zur Deckung bringen.

**5.** Verlängert man die Schenkel eines Winkels über den Scheitelpunkt, so nennt man den Winkel, welcher zwischen diesen Verlängerungen liegt, den Scheitelwinkel jenes Winkels.

**6.** Scheitelwinkel sind einander gleich.

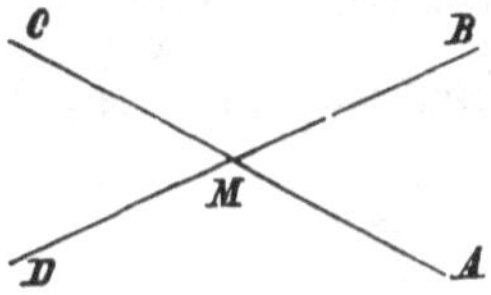


Beweis: Beschreibt die Gerade *MA* den Winkel *AMB*, so beschreibt ihre Verlängerung über *M* den Scheitelwinkel *CMD* dieses Winkels. Beide Winkel entstehen also durch dieselbe Drehung derselben Geraden.

**7.** Ein Winkel *BMC*, welcher einen hohlen Winkel *AMB* zu einem Gestreckten ergänzt, heißt sein Nebenwinkel.

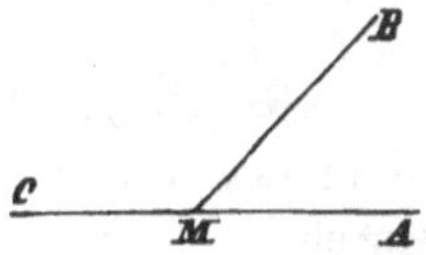


**8.** Die Summe zweier Nebenwinkel ist gleich einem Gestreckten.

**9.** Die Summe aller Winkel an einem Punkte auf einer Seite einer Geraden ist gleich einem Gestreckten.

**10.** Die Summe aller Winkel um einen Punkt herum ist gleich zwei Gestreckten.

Die Beweise dieser drei Sätze folgen unmittelbar aus der Erklärung des gestreckten Winkels.

**11.** Wenn zwei Winkel zusammen einem Gestreckten gleich sind, nennt man den einen das Supplement des andern.

**12.** Ein Winkel, welcher gleich seinem Nebenwinkel ist, heißt ein rechter Winkel — ein Rechter (1 R.).

Der rechte Winkel ist also die Hälfte des gestreckten Winkels.

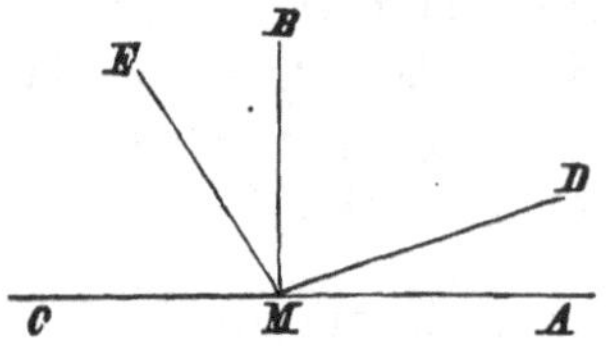


Bilden zwei Gerade einen rechten Winkel, so sagt man, sie stehen auf einander, normal oder senkrecht.

In einem Punkte einer Geraden kann nur eine Gerade auf ihr normal stehen.

**13.** Alle rechten Winkel sind einander gleich.

Beweis: Da der rechte Winkel die Hälfte des gestreckten ist, und gestreckte Winkel einander gleich sind, so sind auch rechte Winkel einander gleich.

**14.** Ein Winkel, welcher kleiner ist als ein Rechter, heißt spitz. Ein Winkel, welcher größer ist als ein Rechter, heißt stumpf.

**15.** Der Winkel, welcher einen spitzen Winkel zu einem rechten ergänzt, heißt sein Complement.

## Vom Kreise.

**16.** Dreht sich eine Strecke $MA$ um ihren Endpunkt $M$, bis sie in ihre ursprüngliche Lage zurückkommt, so beschreibt der andere Endpunkt $A$ eine in sich zurücklaufende Linie, welche man Kreislinie oder Kreis nennt. Der Punkt $M$ heißt der Mittelpunkt (Centrum) des Kreises, und die Entfernung vom Mittelpunkt bis zur Kreislinie sein Halbmesser (Radius).

Die Kreislinie ist der (geometrische) Ort aller Punkte, welche von einem gegebenen Punkte einen bestimmten Abstand haben. (I. Ortssatz.)

**17.** Die Halbmesser eines Kreises sind einander gleich.

**18.** Verlängert man den Halbmesser über den Mittelpunkt bis zur Kreislinie, so nennt man die Strecke zwischen den beiden Kreispunkten einen Durchmesser.

**19.** Die Durchmesser des Kreises sind einander gleich. Denn jeder Durchmesser besteht aus zwei Halbmessern.

**20.** Jeder Teil der Kreislinie heißt ein Bogen, und ein

Winkel, welcher von zwei Halbmessern gebildet wird ein **Winkel am Mittelpunkt** oder **Centriwinkel**, und der von zwei Radien und einem Bogen begrenzte Teil der Kreisfläche ein **Kreisausschnitt** (Sector).

**21.** Zu gleichen Winkeln am Mittelpunkte eines Kreises gehören gleiche Bogen.

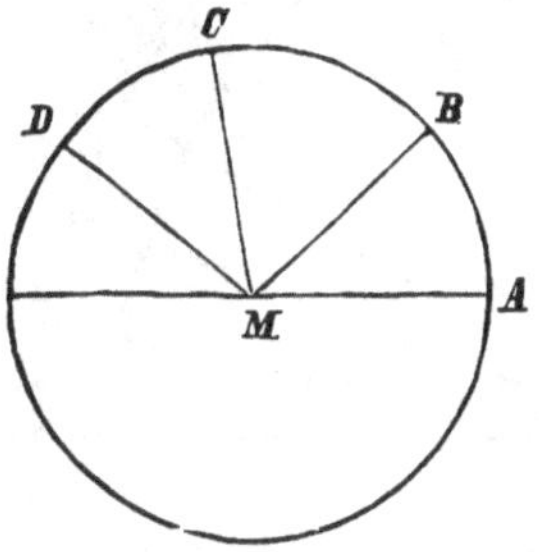

Vorausſ.: $\measuredangle\, AMB = \measuredangle\, CMD$

Behaupt.: $\widehat{AB} = \widehat{CD}$

Beweis: Dreht man den Kreisausschnitt $AMB$ um den Punkt $M$, so bleiben die Punkte des Bogens $AB$ stets Punkte des Kreises. Wenn also der Winkel $AMB$ den Winkel $CMD$ deckt, so deckt auch der Bogen $AB$ den Bogen $CD$.

**22.** Zu gleichen Bogen eines Kreises gehören gleiche Winkel am Mittelpunkte.

Vorausſ.: $\widehat{AB} = \widehat{CD}$

Behaupt.: $\measuredangle\, AMB = \measuredangle\, CMD$.

Beweis: Dreht man den Kreisausschnitt $AMB$ um $M$, bis die gleichen Bogen $AB$ und $CD$ zusammen fallen, so decken sich auch die Winkel $AMB$ und $CMD$.

**23.** Dem vollen Winkel am Mittelpunkt entspricht der ganze Kreis, dem gestreckten Winkel der Halbkreis, dem rechten Winkel der Viertelkreis (Quadrant).

Als Maß des Winkels nimmt man den 360sten Teil der ganzen Drehung und nennt denselben einen **Grad**. Teilt man den gestreckten Winkel am Mittelpunkt eines Kreises in 180 Grade, so gehört zu jedem Grade ein Bogen, welcher der 180ste Teil des Halbkreises ist. Mit Hülfe eines in 180 gleiche Teile geteilten Halbkreises (Transporteur) kann man die Größe von Winkeln angeben. Ein Winkel am Mittelpunkt hat so viel Grad, als der zwischen seinen Schenkeln liegende Bogen Kreisteile des Transporteurs enthält.

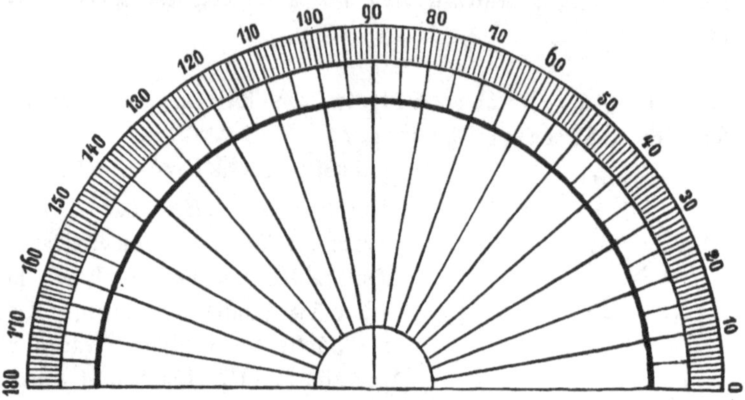


## Von den parallelen Linien.

**24.** Eine Gerade kann auch ihren Ort verändern, ohne daß sie gedreht wird. Haben zwei Gerade eine solche Lage, daß die eine, ohne sie zu drehen, auf die andere gelegt werden kann, so nennt man sie gleichlaufend oder parallel. — Parallele Gerade können daher keinen Punkt gemein haben.

**25.** Wenn von zwei Geraden $a$ und $b$ eine jede parallel ist zu einer dritten Geraden $c$, so ist auch $a$ parallel $b$.

Beweis: Die Gerade $a$ kann ohne Drehung auf $c$, und $c$ ohne Drehung auf $b$ gelegt werden, also kann man $a$ ohne Drehung auf $b$ legen.

**26.** Werden zwei parallele Gerade von einer dritten Geraden in $O$ und $O_1$ geschnitten, so nennt man solche Winkel bei $O$ und $O_1$, welche beim Aufeinanderlegen der Parallelen sich decken — Gegenwinkel; solche, welche Scheitelwinkel werden — Wechselwinkel; solche, welche Nebenwinkel werden — entgegengesetzte Winkel*).

*) Gewöhnlich nennt man von diesen Winkeln nur solche Winkel entgegengesetzte Winkel, welche auf einer Seite der Schnittlinie liegen.

Bei parallelen Geraden sind

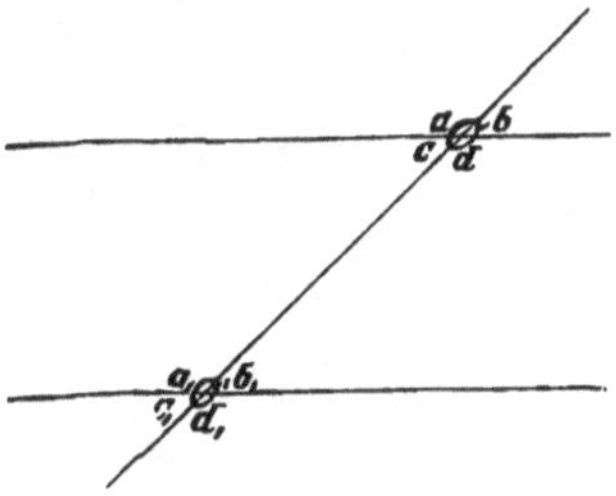

1. je zwei Gegenwinkel einander gleich;
2. je zwei Wechselwinkel gleich (§ 6);
3. je zwei entgegengesetzte Winkel zusammen gleich einem Gestreckten (§ 8).

Da die Benennungen „Gegenwinkel, Wechselwinkel und entgegengesetzte Winkel" aus der gegenseitigen Lage solcher Winkel hervorgegangen sind, so gebraucht man diese Benennungen auch bei nicht parallelen Linien.

**27.** Wenn bei zwei Geraden, welche von einer dritten geschnitten werden

entweder

1. je zwei Gegenwinkel einander gleich sind,

oder

2. je zwei Wechselwinkel einander gleich sind,

oder

3. je zwei entgegengesetzte Winkel zusammen gleich einem Gestreckten sind,

so sind die geschnittenen Linien parallel.

Denn in jedem der drei Fälle läßt sich die Gerade ohne sie zu drehen auf die andere legen.

## Von den Figuren im Allgemeinen.

**28.** Ein allseitig begrenzter Teil der Ebene heißt eine Figur, die sie begrenzende Linie ihr Umfang. Besteht der Umfang nur aus geraden Linien, so nennt man dieselbe geradlinig und die einzelnen Strecken, welche den Umfang bilden, die Seiten der Figur, und die Punkte, in denen zwei Seiten zusammenstoßen, ihre Ecken. Die geradlinigen Figuren werden eingeteilt nach der Zahl ihrer Ecken. — Dreieck, Viereck u. s. w., Vieleck (Polygon). — Die Strecke zwischen zwei nicht benachbarten Ecken einer Figur wird eine Diagonale genannt.

### A. Von den Seiten der Figuren.

**29.** Jede Seite einer geradlinigen Figur ist kleiner als die übrigen zusammen genommen.

Beweis: Die gerade Linie ist die kürzeste Verbindung zwischen zwei Punkten.

### B. Von den Winkeln der Figuren.

**30.** Der Winkel zwischen zwei benachbarten Seiten einer Figur, welcher nach dem Innern derselben geöffnet ist, heißt ein Innenwinkel derselben. Ist der Innenwinkel an einer Ecke ein erhabener, so nennt man diese Ecke einspringend. Jede Figur mit einspringenden Ecken, läßt sich durch Diagonalen in Figuren zerlegen, welche keine einspringenden Ecken haben. — Wir betrachten daher nur Figuren ohne einspringende Ecken.

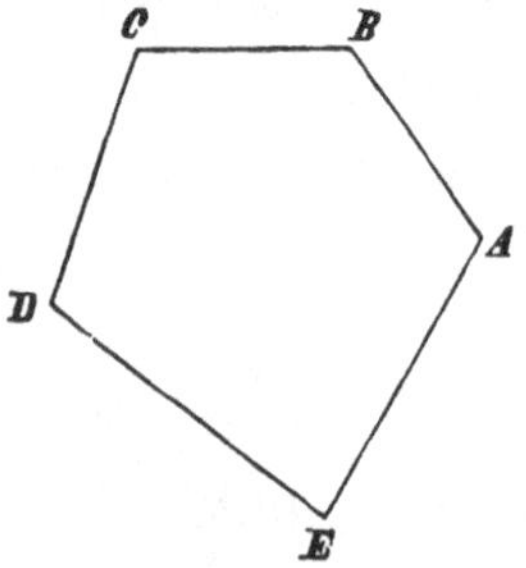


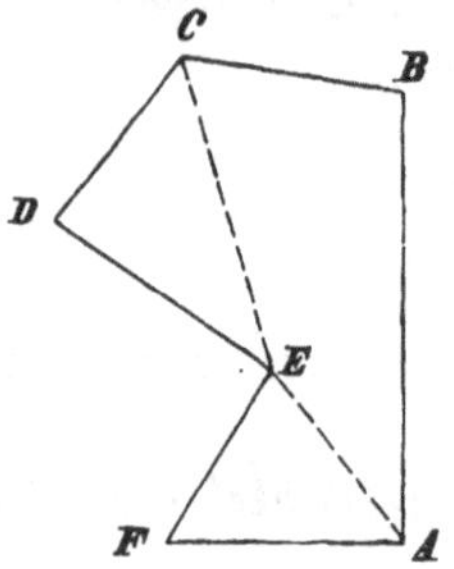


**31.** Umgeht man eine Figur auf dem Umfange vom Punkte $O$ aus, so macht man an jeder Ecke eine Drehung und beschreibt dabei den Nebenwinkel des Innenwinkels, und nennt ihn den Außenwinkel an jener Ecke.

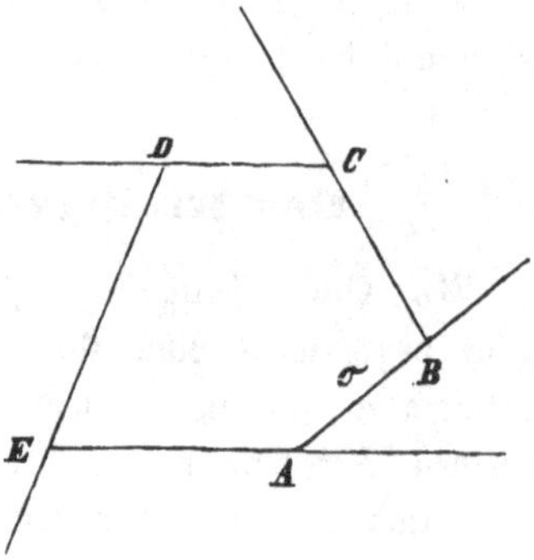


**32.** Die Außenwinkel einer Figur, welche man beschreibt, wenn man dieselben auf dem Umfange umgeht, betragen zusammen zwei Gestreckte.

Beweis: Umgeht man eine Figur von einem Punkte $O$ einer Seite beginnend, so gelangt man, nachdem man an jeder Ecke den Außenwinkel beschrieben hat, in derselben Richtung in $O$ an, in welcher man ausging; man hat also eine ganze Umdrehung gemacht.

**33.** Man findet die Summe der Innenwinkel einer Figur in Gestreckten ausgedrückt, wenn man von der Zahl der Ecken zwei abzieht.

Beweis: Jeder Innenwinkel macht mit seinem Außenwinkel einen Gestreckten, also sämmtliche Innenwinkel mit je einem ihrer Außenwinkel so viel Gestreckte als die Figur Ecken hat. Die Außenwinkel machen aber zusammen zwei Gestreckte. Die Innenwinkel betragen also zusammen zwei Gestreckte weniger als die Innen- und Außenwinkel zusammen betragen.

### C. Von der gegenseitigen Abhängigkeit der Seiten und Winkel einer Figur.

**34.** Jede Seite und die ihr anliegenden Winkel einer Figur sind durch die übrigen Seiten und Winkel (und deren Anordnung) vollständig bestimmt.

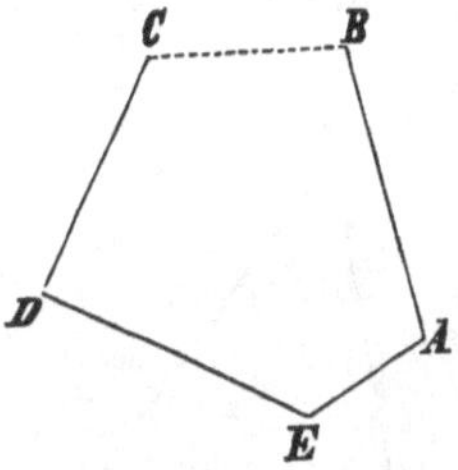


Beweis: Läßt man eine Seite $CB$ einer geradlinigen Figur fort, so kann man dadurch, daß man die nun unverbundenen Endpunkte der benachbarten Seiten $AB$ und $DC$ verbindet, die Figur wiederherstellen, also jene Seite und die ihr anliegenden Winkel zeichnen.

**35.** Jeder Winkel und die ihn einschließenden Seiten einer Figur sind durch die übrigen Seiten und Winkel (und deren Anordnung) völlig bestimmt.

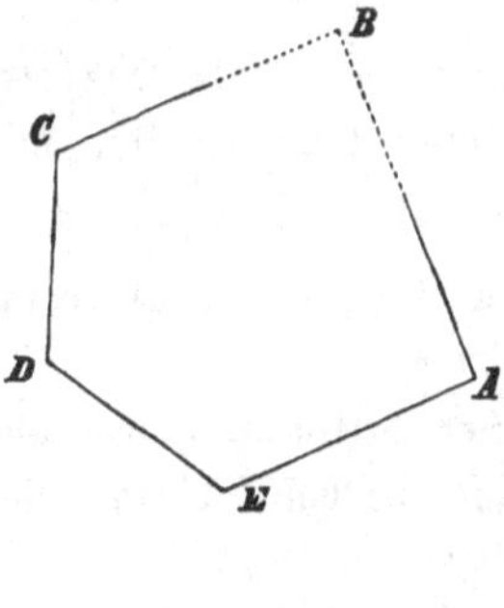


Beweis: Läßt man eine Ecke $B$ einer geradlinigen Figur fort, so kann man dadurch, daß man die nun unbegrenzten Schenkel der benachbarten Winkel $A$ und $C$ bis zu ihrem Schnittpunkt verlängert, die

Figur wieder herstellen, also den Winkel an jener Ecke und die ihn einschließenden Seiten zeichnen.

**36.** Zwei Figuren, welche in der Größe der bestimmenden Seiten und Winkel und in deren Anordnung übereinstimmen, stimmen auch in der Größe der abhängigen Seiten und Winkel überein und werden kongruent genannt. Kongruente Figuren können so auf einander gelegt werden, daß sie sich decken. Die Seiten und die Winkel, welche bei der Deckung zusammen fallen, nennt man gleichliegend (homolog).

## Vom Dreieck.

### A. Von den Seiten des Dreiecks.

**37.** Jede Seite im Dreieck ist kleiner als die Summe der beiden anderen. Beweis (§ 29).

**38.** Jede Seite im Dreieck ist größer als der Unterschied der beiden anderen.

Beweis: Denn legt man zu einer Seite $AB$ die andere $AC$ hinzu, so ist die erhaltene Summe nach (§ 37) größer als $BC$. Es ist also $AC$ größer als der Unterschied zwischen $AB$ und $BC$.

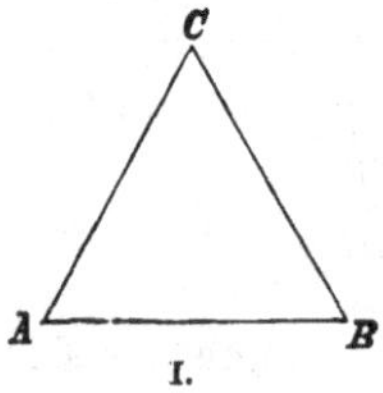


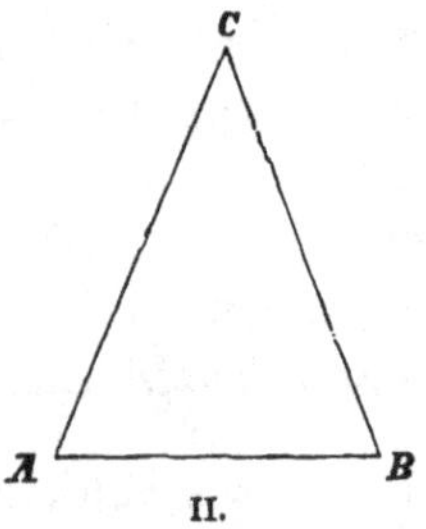


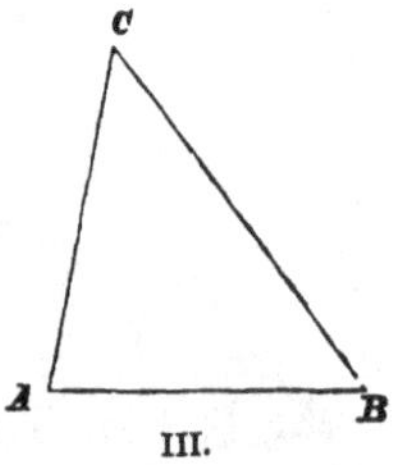


**39.** Ein Dreieck mit drei gleichen Seiten heißt gleichseitig (Fig. I), mit zwei gleichen Seiten gleichschenklig (Fig. II), mit drei ungleichen Seiten ungleichseitig (Fig. III).

**39a.** Im gleichschenkligen Dreieck ist jede der gleichen Seiten größer als die halbe Grundlinie.

Beweis: Die Summe der beiden gleichen Seiten ist größer als die Grundlinie, also eine derselben größer als die halbe Grundlinie.

### B. Von den Winkeln des Dreiecks.

**40.** Die Summe der drei Winkel im Dreieck ist gleich einem Gestreckten oder gleich zwei Rechten. Beweis (§ 33).

Jedes Dreieck hat daher mindestens zwei spitze Winkel.

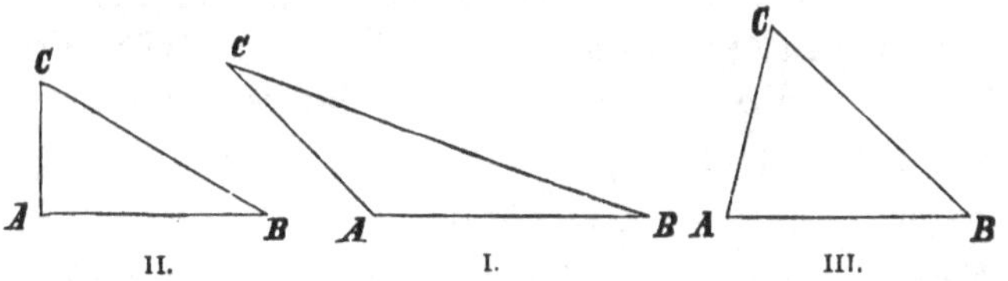


**41.** Ein Dreieck heißt stumpfwinklig (I), rechtwinklig (II) oder spitzwinklig (III), je nachdem es außer den beiden spitzen Winkeln einen stumpfen, einen rechten oder einen spitzen Winkel enthält.

**42.** Jeder Außenwinkel des Dreiecks ist gleich der Summe der beiden Innenwinkel, welche nicht seine Nebenwinkel sind.

Beweis: Jeder Innenwinkel macht mit seinem Nebenwinkel einen Gestreckten, ebenso aber auch mit den beiden anderen Innenwinkeln.

### C. Beziehungen zwischen den Seiten und Winkeln des Dreiecks.

**43.** In einem Dreieck liegen gleichen Seiten gleiche Winkel gegenüber.

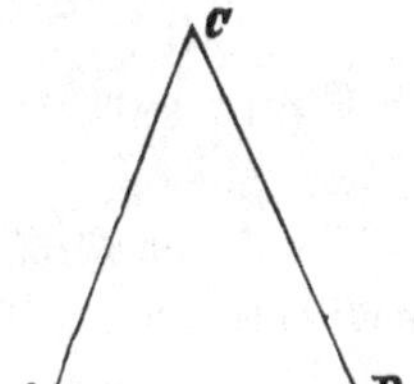


Vorausſ.: Seite $CA = CB$

Behaupt.: $\measuredangle B = \measuredangle A$

Beweis: Das Dreieck $ABC$ läßt sich so wenden, daß $CA$ in der Richtung von $CB$, und $CB$ in der Richtung von $CA$ fällt. Wegen der Gleichheit der Seiten $CA$ und $CB$ muß der Punkt $A$ auf $B$, und $B$ auf $A$ fallen, also der Winkel $A$ auf den Winkel $B$ und Winkel $B$ auf Winkel $A$.

**44.** In einem Dreieck liegen gleichen Winkeln gleiche Seiten gegenüber. Fig. § 43.

Vorausſ.: $\measuredangle B = \measuredangle A$

Behaupt.: S. $CA = CB$

Beweis: Das Dreieck $ABC$ läßt sich so wenden, daß der Punkt $A$ auf $B$, und $B$ auf $A$ fällt, alsdann decken sich auch die gleichen Winkel bei $A$ und $B$, also fällt dann $CA$ auf $CB_1$, und $CB$ auf $CA$.

**45.** Wenn zwei Dreiecke in der Größe der drei Seiten übereinstimmen, so stimmen sie auch in der Größe der den gleichen Seiten gegenüberliegenden Winkel überein.

Vorausſ.: $AB = A_1B_1$, $BC = B_1C_1$, $CA = C_1A_1$

Behaupt.: $\measuredangle\ C = \measuredangle\ C_1$, $\measuredangle\ A = \measuredangle\ A_1$, $\measuredangle\ B = \measuredangle\ B_1$

Beweis: Das Dreieck $A_1B_1C_1$ läßt sich so an $ABC$ anlegen, daß

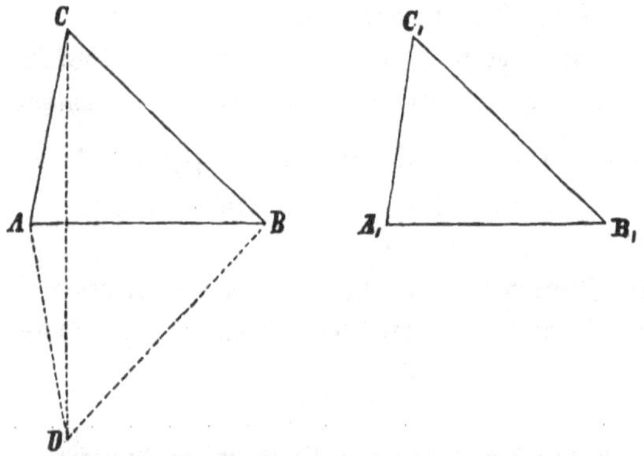


dieselben mit einem gleichen Seitenpaar $AB$ und $A_1B_1$ zusammenfallen, und daß in $A$ und $B$ gleiche Seitenpaare zusammenstoßen. Das Dreieck $A_1B_1C_1$ erscheint dadurch in der Lage $ABD$. Verbindet man die Punkte $C$ und $D$, so ist der Winkel $ACD = ADC$ (§ 43) und $BCD = BDC$ (§ 43), also auch Winkel $ACB = ADB$, also auch Winkel $ACB = A_1C_1B_1$, und deshalb Winkel $A = A_1$, u. $B = B_1$ (§ 34).

**46.** Das Dreieck ist bestimmt durch die Größe der drei Seiten.

Beweis: Durch die Größe der drei Seiten ist auch die Größe der drei Winkel bestimmt; also ist das Dreieck vollständig bestimmt.

**47.** In jedem Dreieck liegt der größeren Seite der größere Winkel gegenüber.

Vorausſ.: S. $CA > CB$

Behaupt.: $\measuredangle\ B > \measuredangle\ A$

Beweis: Das Dreieck $CAB$ läßt sich so wenden, daß die Seite $CA$ in die Lage von $CB_1$ und $CB$ in die Lage von $CA$ fällt. Da

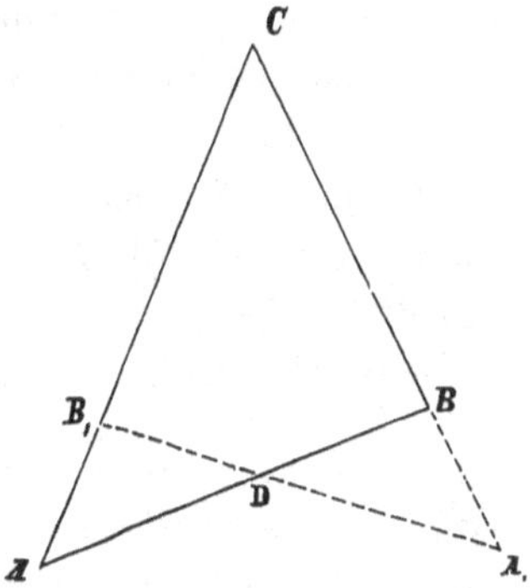


aber $CA > CB$, so fällt $A$ in einen Punkt $A_1$ der Verlängerung von $CB$ und $B$ auf einen Punkt $B_1$ zwischen $C$ und $A$. Das Dreieck $CAB$ nimmt dann die Lage $CA_1B_1$ an, so daß der Winkel $B$ der Winkel $B_1$ wird. Der Winkel $B_1$ ist aber als Außenwinkel des Dreiecks $ADB_1$ größer als Winkel $A$ (§ 42), also ist $B$ größer als $A$.

**48.** In jedem Dreieck liegt dem größeren Winkel die größere Seite gegenüber.

Vorauss.: $\measuredangle A > \measuredangle B$

Behaupt.: S. $CB > CA$

Beweis: Das Dreieck $CAB$ läßt sich so wenden, daß der Punkt

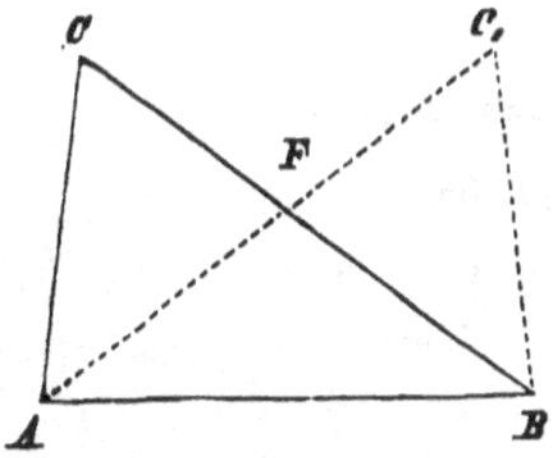


$A$ auf $B$, und $B$ auf $A$ fällt. Da aber Winkel $A > B$ ist, muß die Seite $CB$ zwischen die Schenkel des Winkels $A$ fallen, und $CA$ außerhalb des Winkels $ABC$ liegen. Das Dreieck $ABC$ erscheint jetzt in der Lage $BAC_1$. Da nun der Winkel $CBA = C_1AB$ ist, so schneiden sich $AC_1$ und $BC$ in einem Punkte $F$ so, daß $FA = FB$ ist (§ 44). Es ist also $FA + FC = FB + FC = CB$. $FA + FC$ ist aber größer als $AC$ (§ 37), also ist $CB > CA$.

**49.** Von allen Strecken zwischen einem Punkte und den Punkten einer Geraden ist diejenige am kleinsten, welche auf der Geraden senkrecht steht.

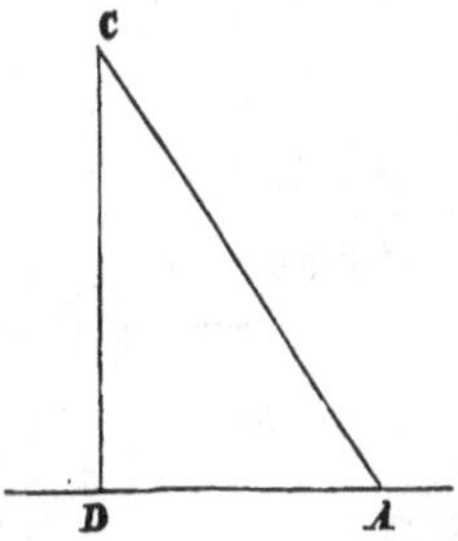


Vorauss.: $\measuredangle CDA = 90^\circ$.

Behaupt.: $CA > CD$.

Beweis: Da $CDA$ ein rechter Winkel ist, muß $CAD$ ein spitzer sein (§ 40), also nach § 48 $CA > CD$ sein.

**50.** Ein Dreieck ist vollständig bestimmt durch zwei Seiten und den Winkel, welcher der größeren von diesen Seiten gegenüberliegt.

Beweis: Wenn $CA$ größer ist als $CB$, so ist der Winkel $B$ größer als $A$. Ist $D$ ein Punkt der Seite $AB$, so ist $CD$ kleiner als $CA$, [denn Winkel $CAD < CDA$, da $CAD < B$, $CDA > B$ (§ 42)]. Wenn $E$ ein Punkt der Verlängerung $BA$ ist, so ist $CE > CA$, [denn der Winkel $CAE > CEA$, da $CAE > B$ und $CEA < A$ (§ 42)]. Vom Punkte $C$ kann man also auf den Schenkel des Winkels $B$ keine andere Linie ziehen, welche gleich $AC$ ist. Das Dreieck $ABC$ ist also bestimmt durch den Winkel $B$ und die Seiten $BC$ u. $CA$, wenn $CA > CB$ ist.

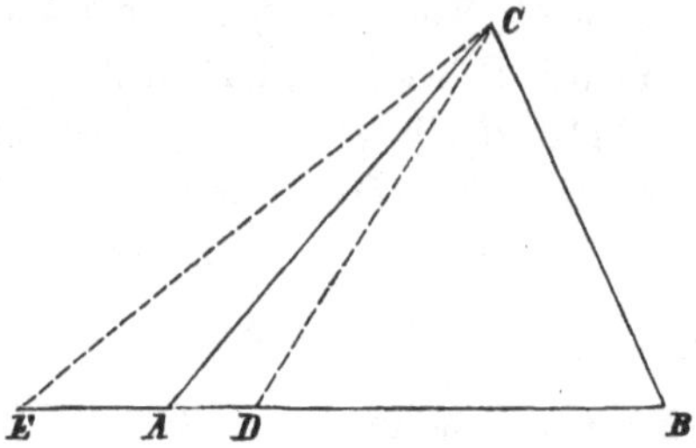


### D. Die vier Kongruenzsätze vom Dreieck.

**51.** Dreiecke sind kongruent, wenn sie übereinstimmen.

1. in der Größe zweier Seiten und der Größe des Winkels, welcher von diesen Seiten eingeschlossen wird (§ 34);
2. in der Größe einer Seite und in der Größe der Winkel, welche an dieser Seite liegen (§ 35);
3. in der Größe der drei Seiten (§ 46);
4. in der Größe zweier Seiten und in der Größe des Winkels, welcher der größeren von diesen Seiten gegenüberliegt (§ 50).

### E. Von besonderen Linien und Punkten beim Dreieck.

**52.** Die Halbierungslinie des Winkels an der Spitze des gleichschenkligen Dreiecks steht auf der Grundlinie senkrecht und halbiert dieselbe.

Voraussſ.: 1. $CA = CB$

2. $\angle ACD = \angle BCD$

Behaupt.: 1. $DA = DB$
2. $\measuredangle CDA = \measuredangle CDB = 1$ R.

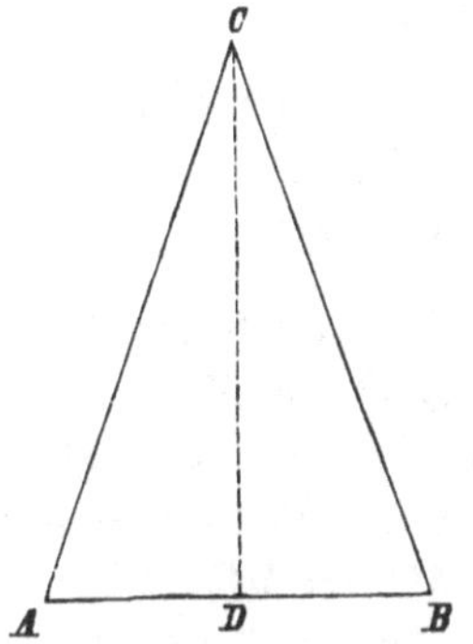

Beweis: Wendet man das Dreieck um die Linie $CD$, so fällt wegen der Gleichheit der $\measuredangle ACD$ und $\measuredangle BCD$ die Seite $CA$ in die Richtung von $CB$, und der Punkt $A$ wegen der Gleichheit der Seiten $CA$ und $CB$ auf den Punkt $B$. Es decken sich also $DA$ und $DB$ und ebenso die Winkel bei $D$. Da diese Winkel aber Nebenwinkel sind, so ist jeder von ihnen ein Rechter (§ 8).

**53.** Die Senkrechte in der Mitte der Grundlinie eines gleichschenkligen Dreiecks halbiert den Winkel an der Spitze.

Beweis: Es giebt nur eine Gerade, welche in der Mitte der Grundlinie senkrecht steht (§ 12), und eine solche Linie ist die Halbierungslinie des Winkels (§ 52).

**54.** Die Gerade, welche die Spitze des gleichschenkligen Dreiecks mit der Mitte der Grundlinie verbindet, halbiert den Winkel an der Sitze und steht senkrecht auf der Grundlinie.

Beweis: Es giebt nur eine Gerade, welche die Spitze mit der Mitte der Grundlinie verbindet, und eine solche Linie ist die Halbierungslinie des Winkels (§ 52).

**55.** Die Senkrechte, welche von der Spitze des gleichschenkligen Dreiecks auf die Grundlinie gefällt wird, halbiert den Winkel an der Spitze und die Grundlinie.

Beweis: Es giebt nur eine Senkrechte von der Spitze auf die Grundlinie, und eine solche Linie ist die Halbierungslinie des Winkels an der Spitze (§ 52).

Die Senkrechte, welche in der Mitte einer Strecke $AB$ errichtet ist, wird die Mittelsenkrechte der Strecke $AB$ genannt.

**56.** Der Ort aller Punkte, welche von zwei Punkten $A$ und $B$ gleich weit entfernt sind, ist die Mittelsenkrechte der Strecke $AB$. (II. Ortssatz.)

**57.** Die Mittelsenkrechten zweier Seiten eines Dreiecks schneiden einander in einem Punkte, welcher von den drei Ecken des Dreiecks gleichweit entfernt ist.

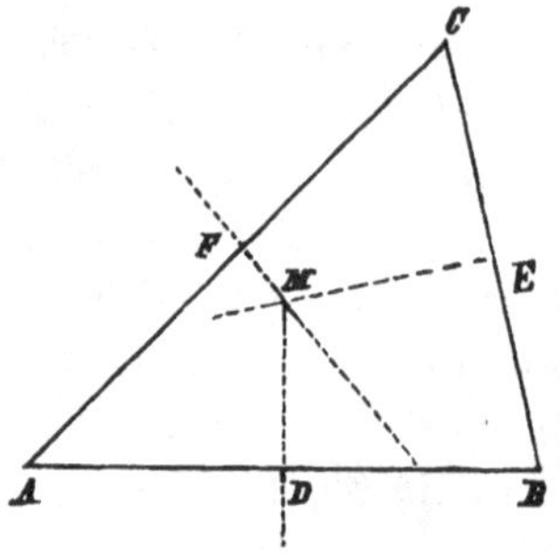


Vorauss.: Die Mittelsenkrechten zu $AB$ und $AC$ schneiden sich in $M$.

Behaupt.: $MA = MB = MC$.

Beweis: Da $M$ ein Punkt der Mittelsenkrechten zu $AB$ ist, ist $MA = MB$, und da $M$ auch ein Punkt der Mittelsenkrechten zu $AC$ ist, ist $MA = MC$, also ist $MA = MB = MC$.

**58.** Die drei Mittelsenkrechten der Seiten eines Dreiecks schneiden einander in demselben Punkte.

Beweis: Da $MA = MB = MC$ ist, so ist $M$ ein Punkt der Mittelsenkrechten zu $AB$, zu $BC$ und zu $CA$.

**59.** Die Senkrechten, welche von einem Punkte der Halbierungslinie eines Winkels auf seine Schenkel gefällt werden, sind

1. einander gleich,
2. schneiden auf den Schenkeln gleiche Strecken ab,
3. bilden mit der Halbierungslinie gleiche Winkel.

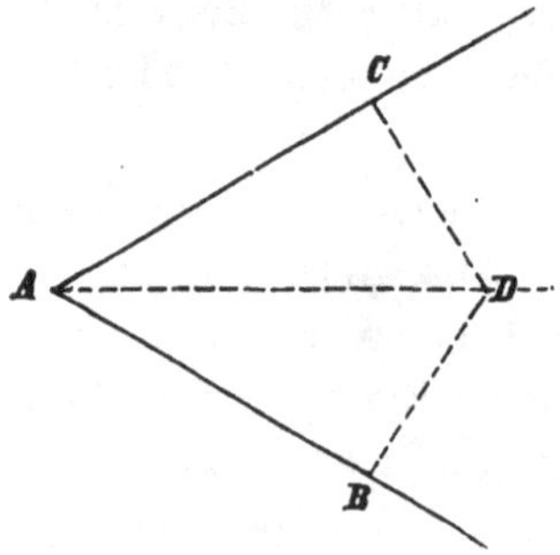


Vorauss.: 1. $\measuredangle\, CAD = \measuredangle\, BAD$
2. $\measuredangle\, ACD = 1$ R.
3. $\measuredangle\, ABD = 1$ R.

Behaupt.: 1. $DC = DB$
2. $AC = AB$
3. $\measuredangle\, ADC = \measuredangle\, ADB$

Beweis: Wenn sich das Dreieck $ACD$ um $AD$ dreht, so fällt $AC$ wegen der Gleichheit der Winkel $CAD$ und $BAD$ in die Richtung von $AB$. Da aber $DC$ auf $CA$ senkrecht war, muß $DC$ auf $DB$ fallen, weil von einem Punkte nur eine Senkrechte auf eine Gerade gefällt werden kann. Wenn $DC$ sich mit $DB$ deckt, decken sich auch $AC$ und $AB$, und die Winkel $ADC$ und $ADB$.

**60.** Ist ein Punkt von den Schenkeln eines Winkels gleichweit entfernt, so liegt derselbe auf der Halbierungslinie dieses Winkels.

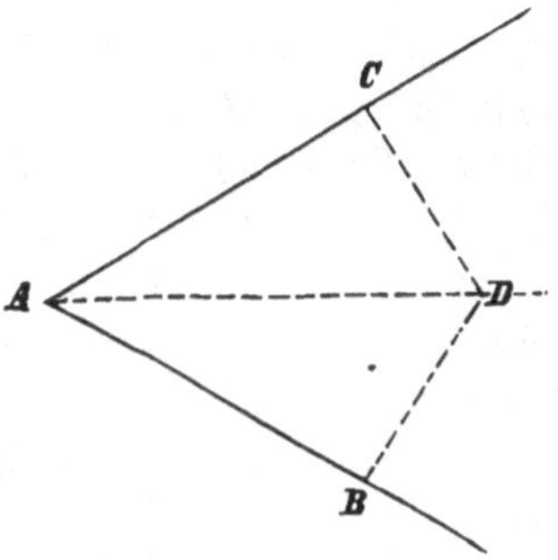


Vorauss.: 1. $DC = DB$
2. $\measuredangle\ DCA = 1\ R.$
3. $\measuredangle\ DBA = 1\ R.$

Behaupt.: $\measuredangle\ CAD = \measuredangle\ BAD$

Beweis: Da $DC = DB$, Winkel $C = B$ und $AD = AD$ ist, und die gleichen Winkel $C$ und $B$ als rechte Winkel den größeren Seiten gegenüberliegen, so ist das Dreieck $CAD \cong CDB$, also ist der Winkel $CAD = BAD$.

**61.** Der Ort aller Punkte, welche von den Schenkeln eines Winkels gleichweit entfernt sind, ist die Halbierungslinie des Winkels. (III. Ortssatz.)

**62.** Die Halbierungslinien zweier Winkel eines Dreiecks schneiden sich in einem Punkte, welcher von den drei Seiten des Dreiecks gleichweit entfernt ist.

Vorauss.: 1. $\measuredangle\ PAB = \measuredangle\ PAC$
2. $\measuredangle\ PBA = \measuredangle\ PBC$

Behaupt.: Die Senkrechte $PD = PE = PF$

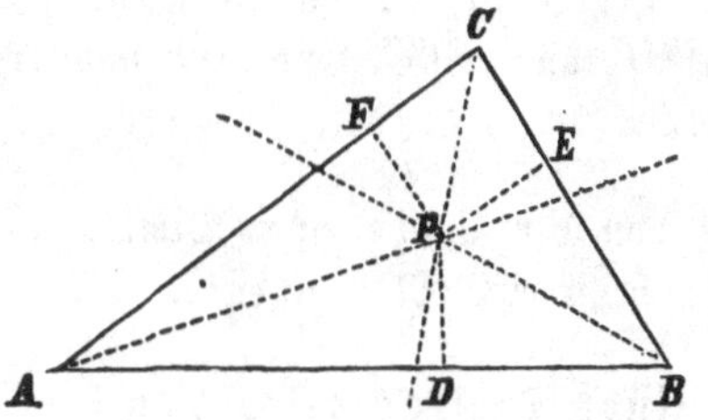


Beweis: Da $P$ ein Punkt der Halbierungslinie des Winkels $A$ ist, ist $PD = PF$, und da er auch ein Punkt der Halbierungslinie des Winkels $B$ ist, ist $PD = PE$, also ist $PD = PE = PF$.

**63.** Die Halbierungslinien der drei Winkel eines Dreiecks schneiden sich in einem Punkte.

Beweis: Da $PE = PF$ ist, so ist Winkel $PCE = PCF$ (§ 60).

**64.** Eine Gerade, welche durch die Mitte einer Dreiecksseite zu einer zweiten parallel gezogen ist, halbiert die dritte Seite.

Vorausſ.: $FA = FC$
$FE \parallel AB$

Behaupt.: $EC = EB$

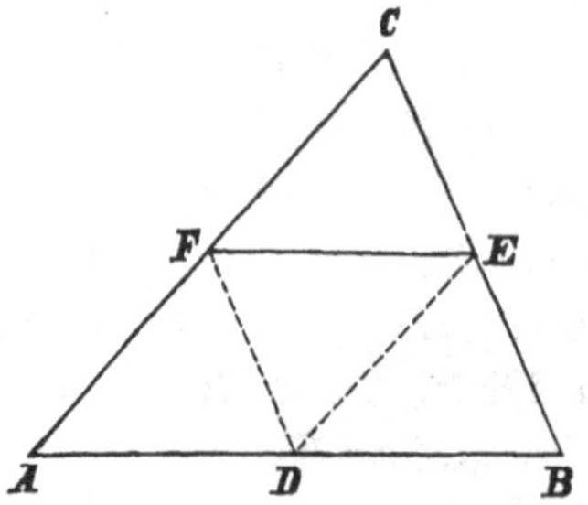

Beweis: Zieht man $FD$ parallel zu $BC$, ſo iſt das Dreieck $FCE \cong AFD$ [$FC = FA$, $\measuredangle CFE = \measuredangle FAD$, $\measuredangle FCE = \measuredangle AFD$ (§ 26, 1)], alſo $CE = FD$. Verbindet man $E$ mit $D$, ſo iſt das Dreieck $FDE \cong BED$ [$DE = DE$, $\measuredangle FED = \measuredangle BDE$, $\measuredangle FDE = \measuredangle BED$ (§ 26, 2)], alſo $EB = FD$, mithin iſt $EC = EB$.

**65.** Eine Gerade, welche die Mitte zweier Dreiecksſeiten verbindet, iſt parallel der dritten Seite und gleich ihrer Hälfte. Fig. § 64.

Vorausſ.: 1. $FA = FC$
2. $EB = EC$

Behaupt.: 1. $FE \parallel AB$
2. $FE = \frac{1}{2} AB$

Beweis: 1. Da durch $F$ nur eine Parallele zu $AB$ gezogen werden kann, und dieſe Parallele durch die Mitte von $B$ geht, muß die Gerade, welche $F$ und $E$ verbindet, parallel $AB$ ſein.

2. Wenn $D$ die Mitte von $AB$ iſt, ſo iſt $DF \parallel BC$ und $DE \parallel AC$. Da die Dreiecke $ADF$ und $FEC$ kongruent ſind, iſt $AD = FE$, mithin $FE = \frac{1}{2} AB$.

**66.** Eine Gerade, welche von der Spitze eines Dreiecks zur Mitte der Gegenſeite gezogen iſt, heißt eine Mittellinie.

**67.** Jede Mittellinie eines Dreiecks wird von jeder anderen Mittellinie desſelben in einem Punkte geſchnitten, welcher von der Spitze des Dreiecks zweimal ſo weit entfernt iſt, als von der Mitte der Gegenſeite.

Vorausſ.: 1. $DA = DB$
2. $EB = EC$
3. $CD$ und $AE$ ſchneiden ſich in $S$.

Behaupt.: $SC = 2 \cdot SD$

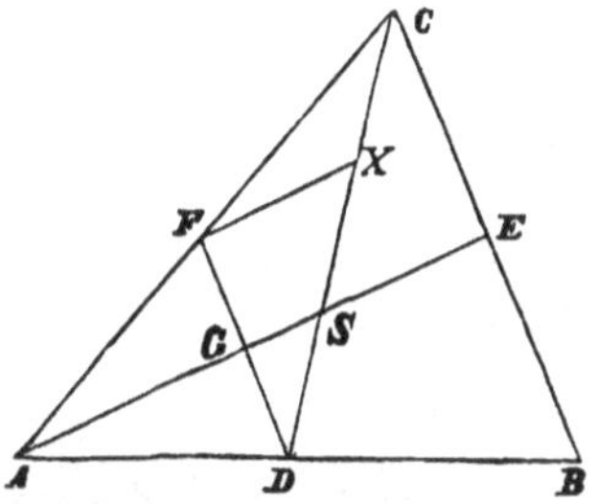


Beweis: Zieht man durch $F$ eine Parallele zu $AS$, welche $CS$ in $X$ schneidet, so ist $XC = XS$. (§ 64). Da ferner $GF = GD$ ist [$GF = \frac{1}{2} CE$ und $GD = \frac{1}{2} EB$ und $EB = EC$] und $GS \parallel FX$, so ist $SX = SD$ (§ 64), also $SC = 2 \cdot SD$.

**68.** Die drei Mittellinien eines Dreiecks schneiden sich in einem Punkte.

Beweis: § 67.

**69.** Die Geraden, welche durch die Ecken eines Dreiecks zu den Gegenseiten parallel gezogen sind, erzeugen ein Dreieck, bei welchem die Mitten der Seiten die Ecken des gegebenen Dreiecks sind.

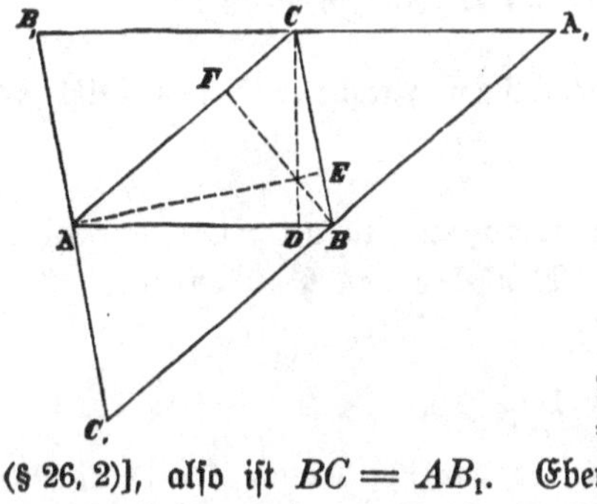


Vorauss.: 1. $A_1B_1 \parallel AB$
2. $B_1C_1 \parallel BC$
3. $C_1A_1 \parallel AC$

Behaupt.: 1. $AB_1 = AC_1$
2. $BA_1 = BC_1$
3. $CB_1 = CA_1$

Beweis: Das Dreieck $ABC \cong CAB_1$ [$CA = CA$, $\measuredangle ACB = \measuredangle CAB_1$ und $\measuredangle BAC = \measuredangle B_1CA$ (§ 26, 2)], also ist $BC = AB_1$. Ebenso folgt aus der Kongruenz der Dreiecke $ABC$ und $BAC_1$, daß $AC_1 = BC$ ist. Es ist also $AB_1 = AC_1$. — Ebenso $C_1B = A_1B$ und $A_1C = B_1C$.

**70.** Die drei Senkrechten, welche von den Ecken eines Dreiecks auf die Gegenseiten gefällt werden, schneiden einander in einem Punkte.

Beweis: Zieht man durch die Ecken des Dreiecks $ABC$ Parallele zu den Gegenseiten, so sind die Höhen des Dreiecks $ABC$ die Mittelsenkrechten zu den Seiten des Dreiecks $A_1B_1C_1$, welches jene Parallelen erzeugen. Diese Mittelsenkrechten schneiden sich aber in einem Punkte (§ 58).

## Vom Viereck.

**71.** Die vier Innenwinkel des Vierecks betragen zusammen zwei Gestreckte oder vier Rechte.

Beweis: § 33.

**72.** Wenn zwei Winkel an einer Seite des Vierecks zusammen einen Gestreckten betragen, so sind die anderen Seiten, welche an jenen Winkeln liegen, parallel.

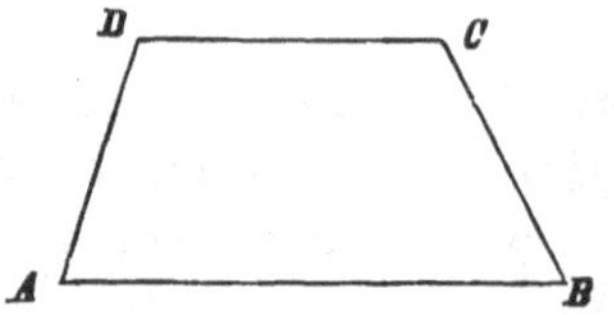


Vorauss.: $\measuredangle A + D = 2$ R.

Behaupt.: $AB \parallel CD$

Beweis: Da $A + D = 2$ R. und diese Winkel entgegengesetzte Winkel an $AB$ und $CD$ sind, muß $AB \parallel CD$ sein. (§ 27, 3.)

**73.** Ein Viereck mit einem Paar paralleler Seiten heißt ein Trapez.

**74.** In einem Trapez betragen die an einer der nicht parallelen Seite liegenden Winkel einen Gestreckten.

Vorauss.: $AB \parallel CD$

Behaupt.: $\measuredangle A + \measuredangle D = 2$ R.

Beweis: Da $AB \parallel CD$ ist, so sind die Winkel $A$ und $D$ entgegengesetzte Winkel an Parallelen, es ist also Winkel $A + D = 2$ R. (§ 26, 3).

**75.** Eine Parallele zu den parallelen Seiten eines Trapezes, welche die eine der nicht parallelen Seiten halbiert, halbiert auch die andere.

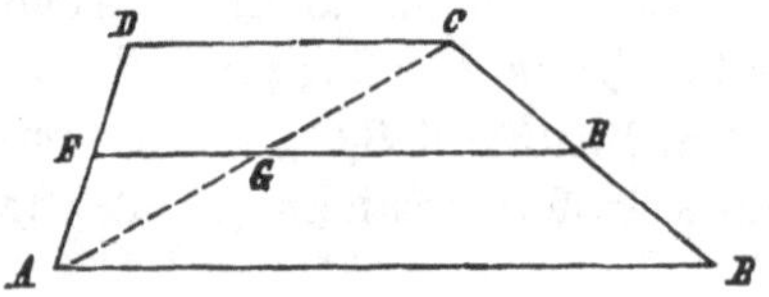


Vorauss.: 1. $FA = FD$

2. $FE \parallel AB \parallel CD$

Behaupt.: $EB = EC$

Beweis: Schneidet die Diagonale $AC$ die Gerade $EF$ in $G$, so ist $GA = GC$ (§ 64) und da $GE \parallel AB$, so ist $EB = EC$ (§ 64).

**76.** Schneiden parallele Gerade auf einer Geraden gleiche Strecken ab, so schneiden sie auch auf jeder anderen Geraden gleiche Strecken ab.

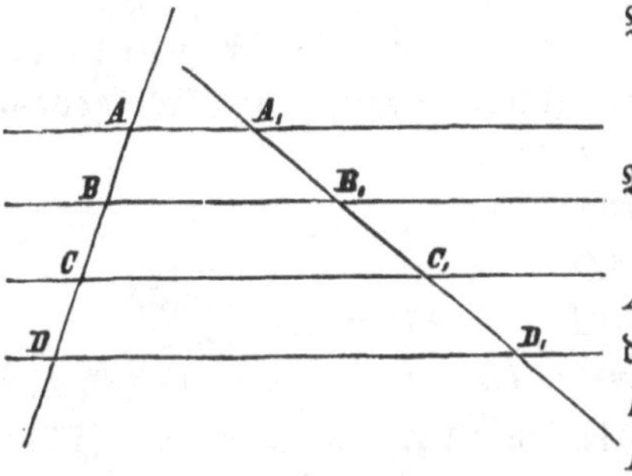


Vorauss.: 1. $AB = BC = CD$
2. $AA_1 \parallel BB_1 \parallel CC_1 \parallel DD_1$.

Behaupt.: $A_1B_1 = B_1C_1 = C_1D_1$

Beweis: Da $AB = BC$ und $AA_1 \parallel BB_1 \parallel CC_1$ ist, so folgt, daß $A_1B_1 = B_1C_1$ ist (§ 75). Da $BC = CD$ und $BB_1 \parallel CC_1 \parallel DD_1$ ist, folgt, daß $B_1C_1 = C_1D_1$ ist (§ 75). Es ist also $A_1B_1 = B_1C_1 = C_1D_1$.

**77.** Die Gerade, welche die Mitten der nicht parallelen Seiten eines Trapezes verbindet, ist gleich der halben Summe der parallelen Seiten. Fig. § 75.

Beweis: $EG = \frac{1}{2} AB$ (§ 65)
$GF = \frac{1}{2} CD$ (§ 65)
also $EG + GF = \frac{1}{2} AB + \frac{1}{2} CD$ oder $EF = \frac{1}{2} (AB + CD)$.

## Vom Parallelogramm.

**78.** Ein Viereck mit zwei Paar parallelen Seiten nennt man ein Parallelogramm.

**79.** Die Diagonale zerlegt das Parallelogramm in zwei kongruente Dreiecke.

Vorauss.: 1. $AB \parallel CD$
2. $BC \parallel AD$

Behaupt.: Das Dreieck $ABC \cong CDA$

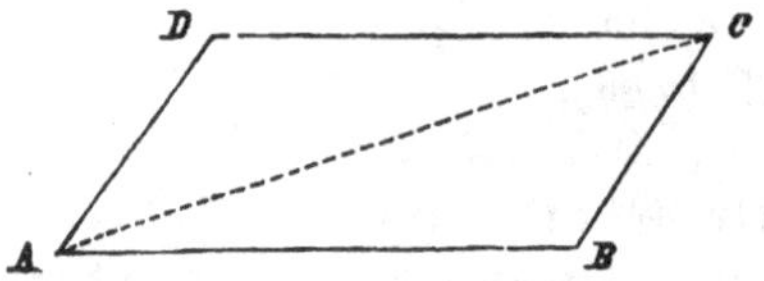

Beweis: Da $AC = CA$ und der Winkel $CAB = ACD$, (§ 26, 2) und der Winkel $CAD = ACB$ (§ 26, 2), so sind die Dreiecke nach dem Kongruenzs. II kongruent.

**80.** In einem Parallelogramm sind die sich gegenüberliegenden Seiten einander gleich, ebenso die sich gegenüberliegenden Winkel. Fig. § 79.

Voraussf.: 1. $AB \parallel CD$
2. $BC \parallel AD$

Behaupt.: 1. $AB = CD$ und $AD = BC$
2. $\measuredangle B = \measuredangle D$.

Beweis: Da die Dreiecke $ABC$ und $CAD$ kongruent sind (§ 79), ist $AB = CD$ und $AD = BC$ und Winkel $B = D$, als gleichliegende Stücke.

**81.** Wenn in einem Viereck die sich gegenüberliegenden Seiten gleich sind, so ist dasselbe ein Parallelogramm. Fig. § 79.

Voraussf.: 1. $AB = CD$ 2. $AD = BC$

Behaupt.: 1. $AB \parallel CD$ 2. $AD \parallel BC$

Beweis: Die Dreiecke $ABC$ und $CDA$ sind kongruent [$AB = CD$, $CB = AD$ und $AC = CA$], also ist Winkel $CAB = ACD$ und $ACB = CAD$ als gleichliegende Winkel, mithin $AB \parallel CD$ und $AD \parallel BC$ (§ 27, 2).

**82.** Jedes Viereck mit vier gleichen Seiten ist ein Parallelogramm.

Folgerung aus § 81.

**83.** Wenn in einem Viereck die sich gegenüberliegenden Winkel gleich sind, so ist dasselbe ein Parallelogramm. Fig. § 79.

Voraussf.: 1. $\measuredangle A = \measuredangle C$ 2. $\measuredangle B = \measuredangle D$

Behaupt.: 1. $AB \parallel CD$ 2. $AD \parallel BC$

Beweis: Da $\measuredangle A = \measuredangle C$ und $\measuredangle B = \measuredangle D$ ist, so ist

$\measuredangle\, A + D = \measuredangle\, B + C$, also da $A + B + C + D = 4$ R. (§ 71) und $A + D = 2$ R., also $AB \parallel CD$ (§ 72). Ebenso ist auch $\measuredangle\, A + B = \measuredangle\, C + D = 2$ R., folglich $AD \parallel BC$.

**84.** Jedes Viereck mit vier gleichen Winkeln ist ein Parallelogramm.

Folgerung aus § 83.

**85.** Wenn in einem Viereck ein Paar sich gegenüberliegender Seiten gleich und parallel ist, so ist dasselbe ein Parallelogramm. Fig. § 79.

Vorauss.: 1. $AB = CD$ 2. $AB \parallel CD$

Behaupt.: $ABCD$ ist ein Parallelogramm.

Beweis: Zieht man die Diagonale $AC$, so ist das Dreieck $ABC \cong CAD$ [$AB = CD$, $AC = AC$ und $\measuredangle\, CAB = ACD$ (§ 26, 2)], also der Winkel $ACB = CAD$, mithin $AD \parallel BC$ (§ 27, 2).

**86.** Der Ort aller Punkte auf einer Seite einer Geraden, welche von dieser Geraden gleichen Abstand haben, ist eine in jenem Abstande zu der Geraden gezogene Parallele. (Ortssatz IV.)

**87.** Im Parallelogramm halbieren sich die Diagonalen gegenseitig.

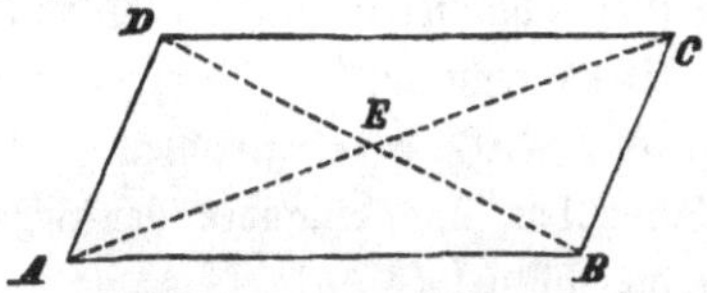


Vorauss.: 1. $AB \parallel CD$
2. $BC \parallel AD$

Behaupt.: 1. $EA = EC$
2. $EB = ED$

Beweis: Die Dreiecke $ABE$ und $CDE$ sind kongruent [$AB = CD$ (§ 80), $\measuredangle\, EAB = \measuredangle\, ECD$, $\measuredangle\, EBA = \measuredangle\, EDC$ (§ 26, 2)], also ist $EA = EC$ und $EB = ED$.

**88.** Die Diagonalen im gleichseitigen Viereck stehen auf einander senkrecht und halbieren die Winkel des Vierecks.

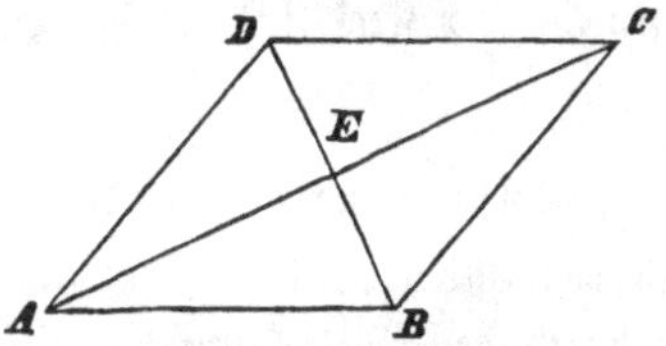


Vorauss.: $AB = BC = CD = DA$

Behaupt.: $AEB = 1$ R.

Beweis: $EB$ ist die Mittellinie im gleichschenkligen Dreieck $ABC$, also ist $AEB$ ein rechter Winkel und Winkel $EBA = EBC$ (§ 54).

**89.** Ein gleichseitiges Viereck mit rechten Winkeln nennt man ein Quadrat, mit schiefen Winkeln einen Rhombus.

**90.** Die Diagonalen im rechtwinkligen Viereck sind einander gleich.

Vorausf.: $\measuredangle\ A = B = C = D$

Behaupt.: $AC = BD$

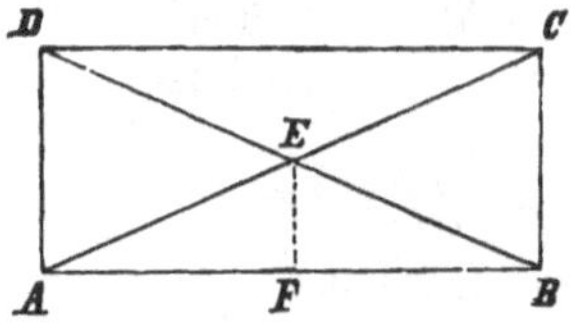


Beweis: Da $E$ die Mitte von $AC$ ist, so halbiert eine durch $B$ zu $BC$ gelegte Parallele $EF$ die Seite $AB$ (§ 64) und steht auf ihr senkrecht, da Winkel $ABC$ ein rechter ist. Es ist also $FE$ die Mittelsenkrechte zu $AB$, mithin $EA = EB$ (§ 56), also auch $2\,AE = 2\,BE$ oder $AC = BD$.

**91.** Ein rechtwinkliges Viereck mit gleichen Seiten nennt man ein Quadrat, mit ungleichen Seitenpaaren ein Rechteck.

**92.** Im Quadrat halbieren die Diagonalen einander, sind einander gleich, stehen auf einander senkrecht und halbieren die Winkel.

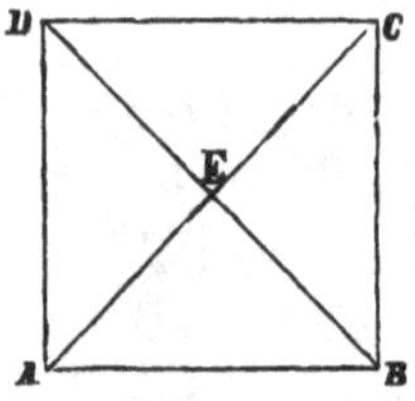


Beweis: Da das Quadrat ein Parallelogramm ist (§ 82), halbieren sich die Diagonalen (§ 87), da es rechtwinklig ist, sind die Diagonalen gleich (§ 90), da es gleichseitig ist, stehen die Diagonalen auf einander senkrecht und halbieren die Winkel (§ 88).

## Vom Kreise.

### Von den Sehnen des Kreises.

**93.** Eine Gerade, welche zwei Punkte der Kreislinie verbindet, heißt eine Sehne.

**94.** Der Durchmesser ist die größte Sehne im Kreise.

Vorausf.: 1. $AB$ geht durch den Mittelpunkt $M$,

$CD$ geht nicht durch den Mittelpunkt.

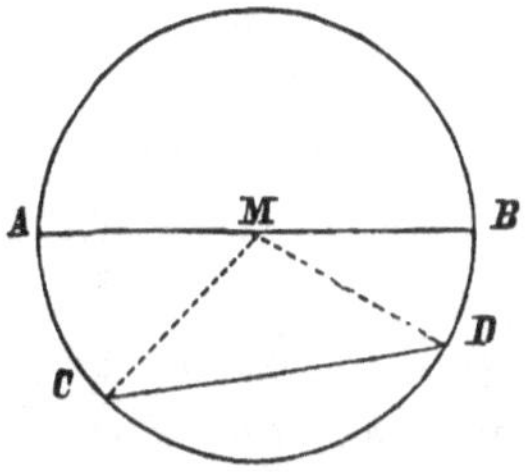


Behaupt.: $AB > CD$.

Beweis: Da $AB = MA + MB$, also auch gleich $MC + MD$ ist (§ 16), und $MC + MD > CD$ ist (§ 37), so ist $AB > CD$.

**95.** 1. Die vom Mittelpunkte auf die Sehne gefällte Senkrechte halbiert die Sehne, den ihr zugehörigen Winkel am Mittelpunkt und den Bogen.

Beweis: Da $AMB$ ein gleichschenkliges Dreieck ist, so ist nach § 55 $DA = DB$ und $AMD = BMD$, also auch Bogen $AC = BC$ (§ 21).

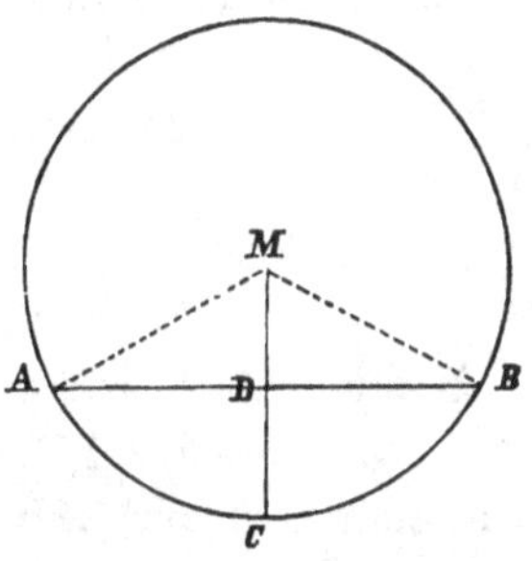


2. Die Mittelsenkrechte einer Sehne geht durch den Mittelpunkt des Kreises (§ 56).

3. Die Gerade, welche den Mittelpunkt des Kreises mit der der Mitte der Sehne verbindet, steht senkrecht auf der Sehne (§ 54).

**96.** Gleiche Winkel am Mittelpunkte eines Kreises haben gleiche Sehnen.

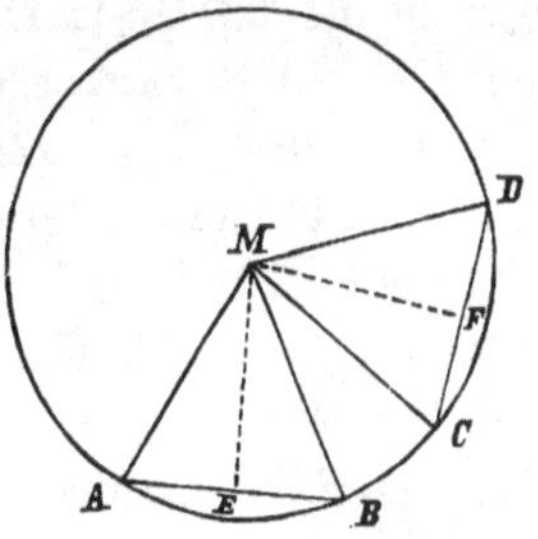


Vorausf.: $\measuredangle AMB = CMD$

Behaupt.: Sehne $AB = CD$

Beweis: Die Dreiecke $AMB$ und $CMD$ sind kongruent [$MA = MC$, $MB = MD$ und Winkel $AMB = CMD$], also ist $AB = CD$ als gleichliegende Seiten in kongruenten Dreiecken.

**97.** Gleiche Sehnen eines Kreises haben

1. gleiche Winkel am Mittelpunkt,
2. gleiche Abstände vom Mittelpunkt.

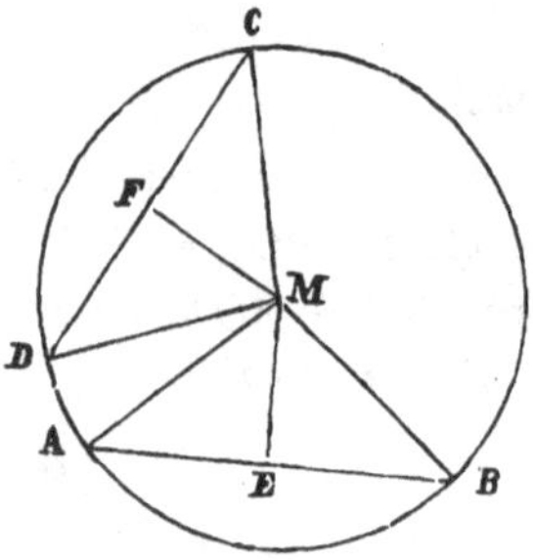


Vorausſ.: 1. $AB = CD$
2. $MEA = 1$ R.
3. $MFD = 1$ R.
Behaupt.: 1. $\measuredangle\ AMB = CMD$
2. $ME = MF$

Beweis: Das Dreieck $MAB \cong MCD$ [$AB = CD$, $MA = MC$, $MB = MD$ (§ 51, 3)], alſo iſt 1. $\measuredangle\ AMB = CMD$ 2. $ME = MF$ } als gleichliegende Stücke in kongruenten Figuren.

**98.** Sehnen eines Kreiſes, welche vom Mittelpunkte gleiche Abſtände haben, ſind einander gleich. Fig. § 97.

Vorausſ.: 1. $ME = MF$
2. $MEA = 1$ R.
3. $MFC = 1$ R.
Behaupt.: $AB = CD$

Beweis: Das Dreieck $MEA \cong MFD$ [$ME = MF$, $\measuredangle\ MEA = \measuredangle\ MFD$, $MA = MD$ (§ 51, 4)], alſo iſt $AE = DF$ als gleichliegende Stücke, mithin iſt auch $AB = CD$ (§ 95).

**99.** Dem größeren von zwei hohlen Winkeln am Mittelpunkte eines Kreiſes liegt die größere Sehne gegenüber.

Vorausſ.: $\measuredangle\ AMB > \measuredangle\ CMD$
Behaupt.: $AB > CD$

Beweis: Da der Winkel $AMB$ größer iſt als $CMD$, ſo kann man den Winkel $AMB$ durch einen Radius $ME$ ſo teilen, daß $AME = CMD$ iſt, dann iſt auch die Sehne $AE = CD$ (§ 96). Da $E$ ein Punkt des Bogens $AB$ iſt, und die Punkte der Sehne $AB$ im Kreiſe liegen, muß $ME$ die Sehne $AB$ in einem Punkte $F$ ſchneiden. Es iſt $AF + FE > AE$, $BF + FM > MB$ (§ 37), alſo iſt $AF + BF + FE + FM > AE + MB$ oder $AB + ME > AE + MB$ oder, da $ME = MB$ iſt, $AB > AE$, alſo auch $AB > CD$.

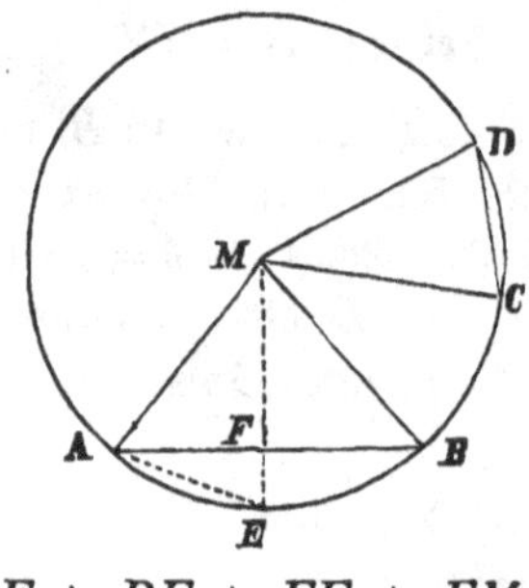

**100.** Die Größe der Sehnen nimmt ab, wenn ihre Entfernung vom Mittelpunkte zunimmt.

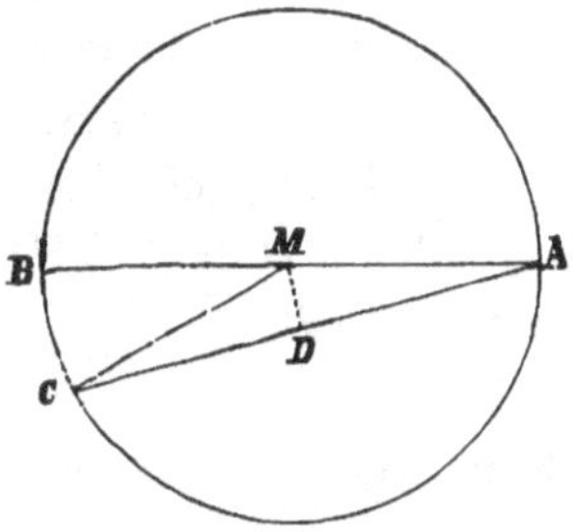


Beweis: Durchläuft ein Punkt $C$ den Halbkreis von $B$ bis $A$, so nimmt der Winkel $BMC$ und die Sehne $BC$ zu, während der Winkel $AMC$ und die Sehne $AC$ abnimmt (§ 99). Da die Senkrechte von $M$ auf $AC$ die Mitten von $AB$ und $AC$ verbindet, ist $MD = \frac{1}{2} BC$ (§ 65). Es nimmt also $MD$ zu, wenn $BC$ zunimmt, also auch, wenn $AC$ abnimmt.

### Von den Peripheriewinkeln.

**101.** Ein Winkel, dessen Scheitel auf der Kreislinie liegt und dessen Schenkel Sehnen sind, heißt ein Peripheriewinkel.

**102.** Der Peripheriewinkel ist gleich der Hälfte des Centriwinkels, welcher mit ihm auf demselben Bogen steht.

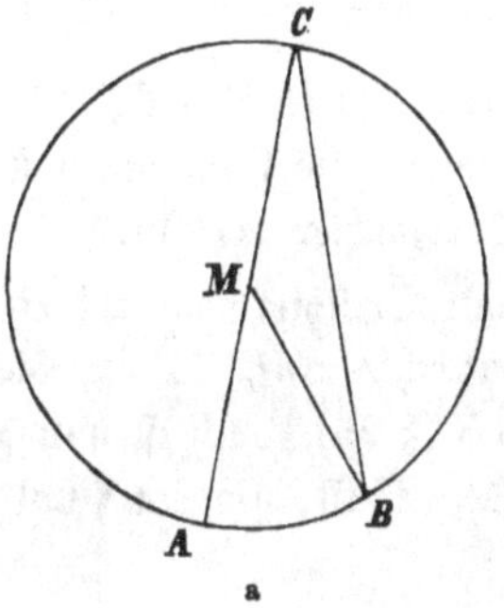

a

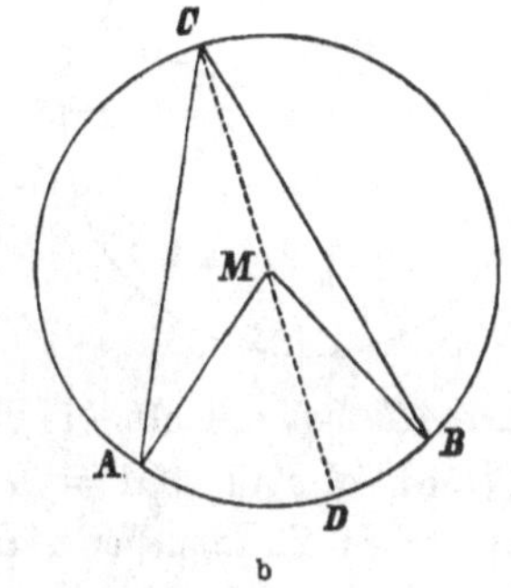

b

Beweis:

a) Wenn der Mittelpunkt auf einem Schenkel des Peripheriewinkels liegt. — Da $\measuredangle B = \measuredangle C$ (§ 44) und $\measuredangle AMB = \measuredangle B + \measuredangle C$ (§ 42), so ist $\measuredangle AMB = 2 \cdot \measuredangle C$ oder $C = \frac{1}{2} AMB$;

b) wenn der Mittelpunkt in dem Peripheriewinkel liegt. — Zieht man von $C$ einen Durchmesser $CD$, so ist nach Beweis a) Winkel $ACD = \frac{1}{2} AMD$ und $BCD = \frac{1}{2} BMD$, mithin $ACD + BCD = \frac{1}{2} AMD + \frac{1}{2} BMD$, also $ACB = \frac{1}{2} AMB$;

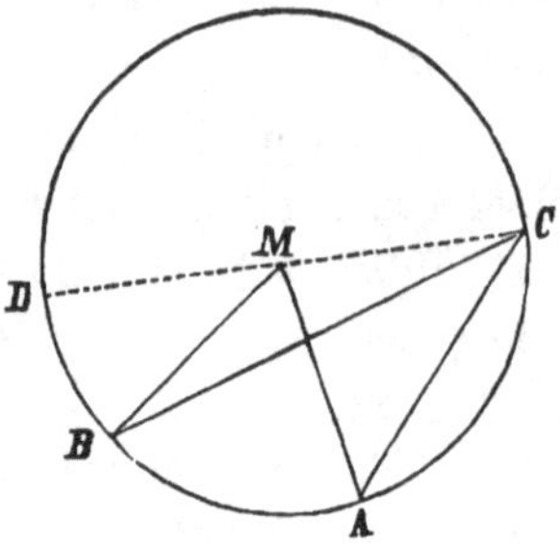


c) wenn der Mittelpunkt außerhalb des Peripheriewinkels liegt. Zieht man den Durchmesser $CD$, so ist nach Beweis a) der Winkel $ACD = \frac{1}{2} AMD$ und $BCD = \frac{1}{2} BMD$, also $ACD - BCD = \frac{1}{2} AMD - \frac{1}{2} BMD$; oder $ACB = \frac{1}{2} AMB$.

**103.** Der Peripheriewinkel über dem Halbkreis ist ein Rechter.

Beweis: Der Centriwinkel, welcher dem Halbkreis zugehört, ist ein Gestreckter, also ist der Peripheriewinkel über dem Halbkreis ein Rechter (§ 99).

**104.** Der Ort aller Punkte, von denen eine Strecke $AB$ unter einem rechten Winkel erscheint, ist die Kreislinie, deren Durchmesser $AB$ ist. (Ortssatz V.)

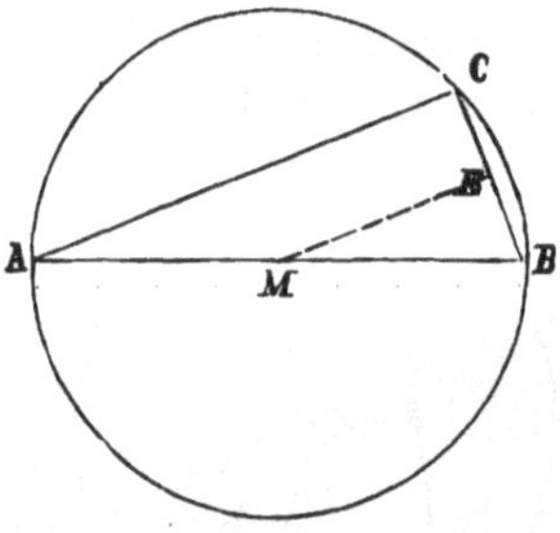


Vorauss.: $ACB = 1$ R.

Behaupt.: $C$ liegt auf einem Kreise, dessen Durchmesser $AB$ ist.

Beweis: Errichtet man auf $BC$ die Mittelsenkrechte $EM$, so ist dieselbe parallel $AC$, halbiert also die Gerade $AB$ (§ 25). $MB$ ist nun gleich $MC$ (§ 56), also ist $MA = MB = MC$. $C$ ist also ein Punkt des Kreises, dessen Durchmesser $AB$ ist.

**105.** Peripheriewinkel über demselben Bogen eines Kreises sind einander gleich.

Beweis: Die Peripheriewinkel bei $C$ und $D$ sind gleich, weil jeder von ihnen gleich $\frac{1}{2} AMB$ ist (§ 102).

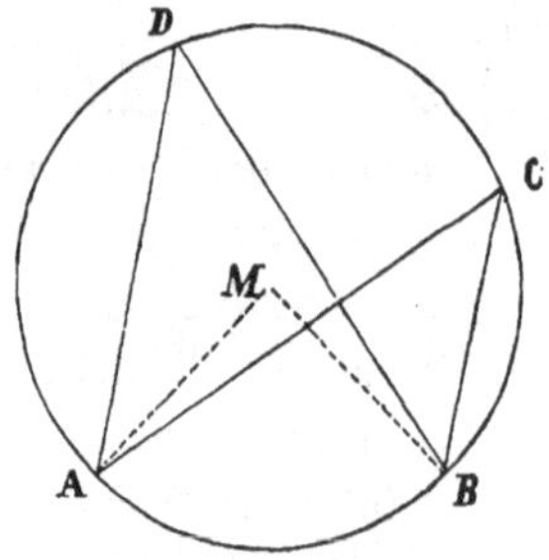

**106.** Gleiche Peripheriewinkel eines Kreises haben gleiche Bogen.

Beweis: Gleiche Peripheriewinkel haben gleiche Centriwinkel (§ 102) und gleiche Centriwinkel gleiche Bogen.

**107.** Der Radius des Kreises, welcher einem Dreieck umgeschrieben ist, ist bestimmt durch eine Seite und den Winkel, welcher dieser Seite gegenüberliegt.

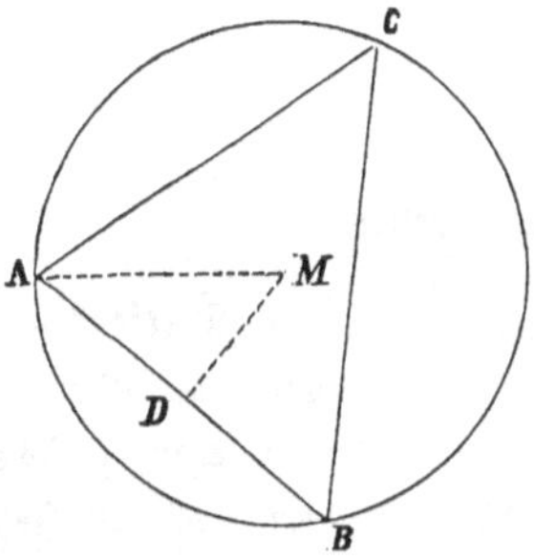


Beweis: Sind von einem Dreieck $ABC$ die Seite $AB$ und der Winkel $C$ gegeben, so liegt der Mittelpunkt $M$ des umgeschriebenen Kreises auf der Mittelsenkrechten zu $AB$ so, daß der Winkel $AMD = C$ ist (§ 102). Das Dreieck $AMD$, also auch $MA$ ist aber bestimmt durch $AD = \frac{1}{2} AB$, den rechten Winkel $ADM$ und den Winkel $AMD = C$ (§ 50).

**108.** Die Summe der sich gegenüberliegenden Winkel in einem Sehnenviereck beträgt 2 Rechte.

Vorauss.: $ABCD$ ist dem Kreise eingezeichnet.

Behaupt.: $\measuredangle A + \measuredangle C = 2$ R.

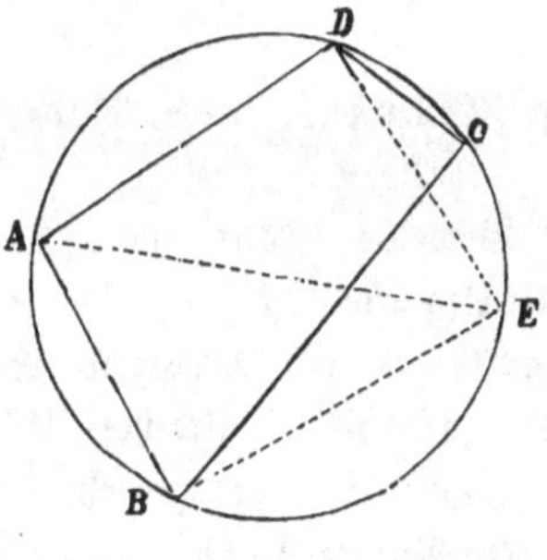


Beweis: Zieht man von $A$ den Durchmesser $AE$, so sind die Winkel $ADE$ und $ABE$ rechte Winkel (§ 103), folglich ist Winkel $BAD + BED = 2$ R. (§ 71). Der Winkel $BED$ ist aber gleich $BCD$ (§ 105), also ist auch $\measuredangle BAD + \measuredangle BCD = 2$ R.

**109.** Wenn in einem Viereck die Summe zweier sich gegenüberliegender Winkel gleich 2 Rechten ist, so liegen die Ecken desselben auf einer Kreislinie.

Vorauss.: $\measuredangle B + \measuredangle D = 2$ R.

Behaupt.: $A, B, C, D$ sind Punkte einer Kreislinie.

Beweis: Legt man durch drei Punkte $A$, $B$, $C$ des Vierecks einen Kreis, und zeichnet man in diesem Kreise ein Sehnenviereck $ABCE$, so ist der Winkel $E$ gleich $D$. Die Dreiecke $ACE$ und $ACD$ sind also demselben Kreise eingeschrieben (§ 108). Es liegt also der Punkt $D$ auf der Kreislinie, welche dem Dreieck $ABC$ umgeschrieben ist.

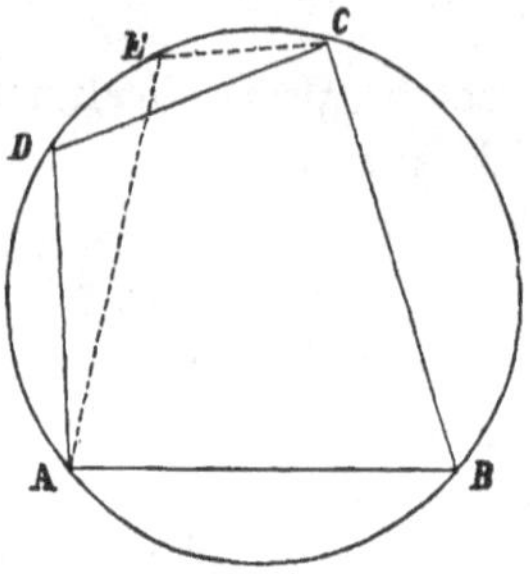


### Von den Tangenten des Kreises.

**110.** Durchläuft ein Punkt $C$ (Fig. § 111) den Halbkreis von $B$ nach $A$, so nimmt der Bogen $BC$ zu, der Bogen $AC$ aber ab. Legt man durch $A$ und $C$ eine Gerade, so wächst der Winkel $CAB$, wenn $BC$ zunimmt, während der Bogen $AC$ und seine Sehnen stetig abnehmen. Wenn $C$ nach $A$ gelangt, verschwindet die Sehne $AC$, und die sich drehende Gerade hat in dieser Lage mit dem Kreise nur den Punkt $A$ gemein. Eine Gerade, welche mit der Kreislinie nur einen Punkt gemein hat, nennt man eine Berührungslinie oder Tangente desselben und den gemeinsamen Punkt $A$ ihren Berührungspunkt.

**111.** Die Tangente steht im Endpunkt des Radius senkrecht.

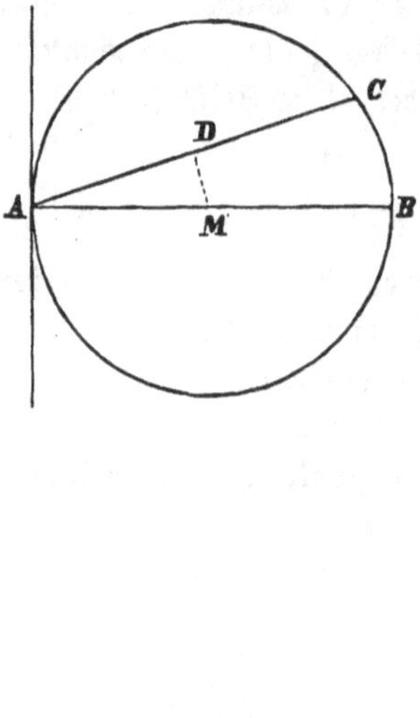


Beweis: Fällt man vom Mittelpunkte $M$ auf die im Punkte $A$ sich drehende Gerade $AC$ die Senkrechte $MD$, so nimmt diese zu, jemehr sich $C$ dem Punkte $A$ nähert (§ 100). Wenn $C$ in $A$ fällt, fällt auch $D$ in $A$, also $MD$ in $MA$. $MA$ ist also senkrecht auf der Tangente.

**112.** Die Tangente liegt außerhalb des Kreises.

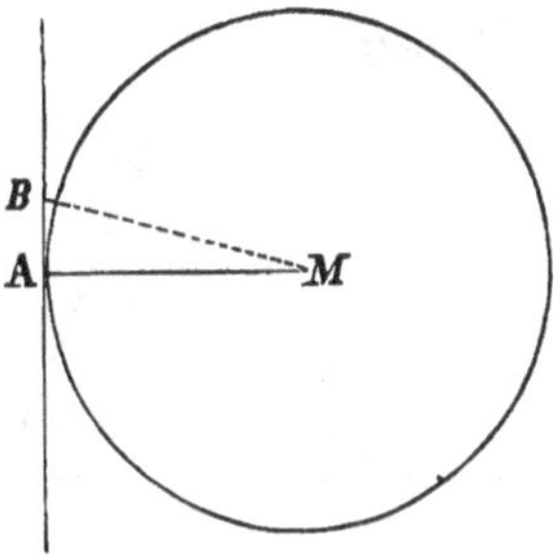


Beweis: Ist $B$ irgend ein Punkt der Tangente im Punkte $A$, so ist $MB > MA$ (§ 49). Es liegt also $B$ außerhalb des Kreises.

**113.** Der Winkel, welchen eine Sehne und eine Tangente am Umfange des Kreises bilden, ist gleich der Hälfte des Centriwinkels, welcher auf dem Bogen steht, der zwischen den Schenkeln jenes Winkels liegt.

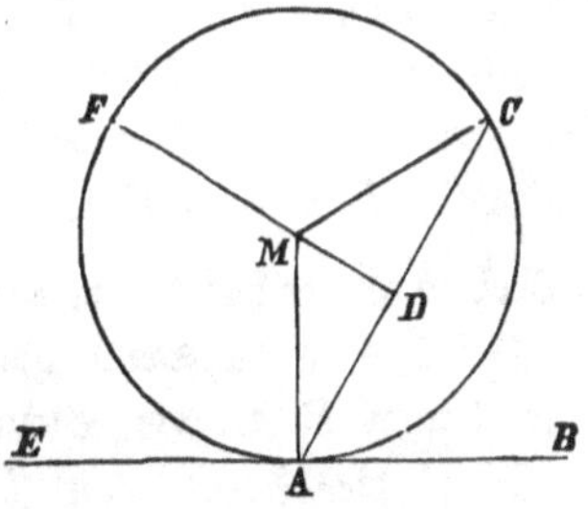


Voraussf. 1. $\measuredangle\ MAB = 1$ R.
2. $AC$ ist eine Sehne.
Behaupt.: $\measuredangle\ BAC = \frac{1}{2} \measuredangle\ AMC$.

Beweis: Der Winkel $BAC$ sei spitz. Fällt man von $M$ auf $AC$ eine Senkrechte $MD$, so ist Winkel $MAD + DMA = 1$ R. (§ 40). Da $AB$ eine Tangente ist, so ist der Winkel $MAD + CAB = 1$ R., es ist also $DMA = CAB$.

Wenn der Winkel $DMA = CAB$ ist, müssen auch die Nebenwinkel dieser Winkel gleich sein. Es muß also auch der Winkel $EAC = FMA$ sein. $FMA$ ist aber die Hälfte des Centriwinkels, welcher auf dem Bogen $AFC$ steht.

**114.** Der Mittelpunkt eines Kreises liegt auf der Halbierungslinie des Winkels, welchen die Tangenten bilden.

Beweis: Da der Mittelpunkt von beiden Tangenten gleichweit entfernt ist, so liegt er auf der Halbierungslinie des Winkels, den die Tangenten bilden (§ 60).

**115.** Die Strecken zweier Tangenten von ihrem Schnittpunkt bis zu ihren Berührungspunkten sind einander gleich.

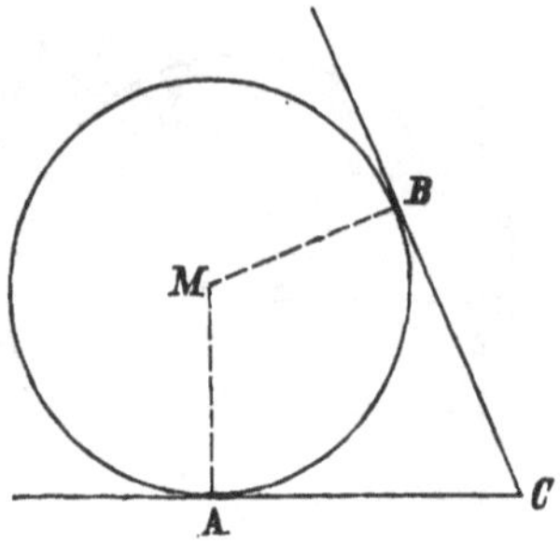


Vorausſ.: $\measuredangle\ MAC = MBC = 1\ R.$
Behaupt.: $CA = CB$.

Beweis: $M$ iſt von den Schenkeln des Winkels $ACB$ gleichweit entfernt (§ 61), alſo $CA = CB$.

### Von den regelmäßigen Figuren.

**116.** Wenn in einer Figur, deren Ecken auf einem Kreiſe liegen, alle Seiten einander gleich ſind, ſo ſind auch alle Winkel derſelben gleich.

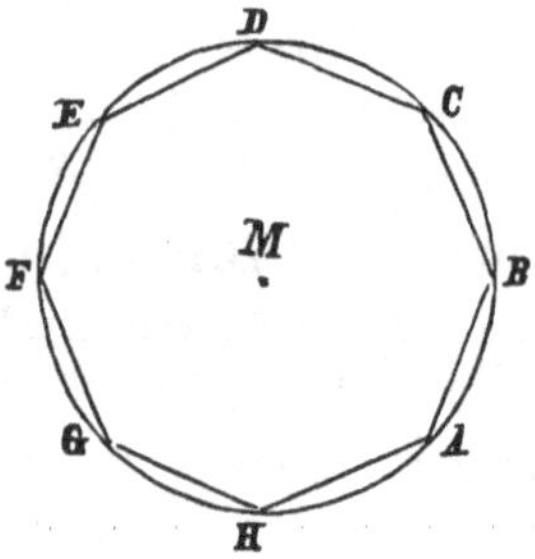


Vorausſ.: 1. Die Punkte $A, B, C, D \ldots$ liegen auf dem Kreiſe $M$,
2. $AB = BC = CD = DE \ldots$

Behaupt.: $\measuredangle\ A = B = C = D \ldots$

Beweis: Dreht man die Figur um den Mittelpunkt $M$, bis $A$ an die Stelle von $B$ kommt, ſo kommt $B$ an die Stelle von $C$ und $C$ an die Stelle von $D$ u. ſ. w. Es tritt alſo der Winkel $B$ an die Stelle des Winkels $C$ und $C$ an die von $D$ u. ſ. w. Es ſind alſo die Winkel $B, C, D \ldots$ einander gleich.

**117.** Eine Figur heißt regelmäßig, wenn ihre Ecken auf einem Kreiſe liegen und ihre Seiten unter ſich gleich ſind.

**118.** Sind in einer Figur alle Seiten und alle Winkel einander gleich, ſo iſt dieſelbe regelmäßig.

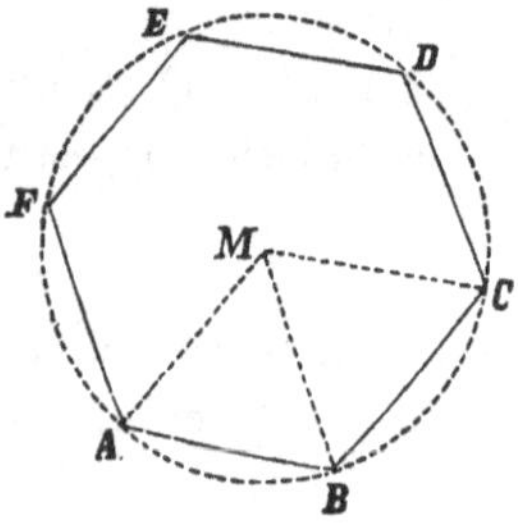


Vorausſ.: 1. $AB = BC = CD = DE \ldots$
2. $\measuredangle\ A = B = C = D \ldots$

Behaupt.: Die Punkte $A, B, C, D, E \ldots$ liegen auf dem Umfange eines Kreiſes.

Beweis: Die Halbierungslinien der gleichen Winkel $A$ und $B$ ſchneiden ſich in einem Punkte $M$ ſo, daß $MA = MB$ iſt

(§ 44). Zieht man $MC$, so ist das Dreieck $MBA \cong MBC$ [$MB = MB$, $AB = BC$ und Winkel $MBA = MBC$], also $MA = MC$. Es ist also $MA = MB = MC$. $M$ ist also von jeden drei aufeinanderfolgenden Ecken gleichweit entfernt. Ein Kreis um $M$ mit dem Halbmesser $MA$ geht also durch die Ecken des Vielecks.

**119.** Einer jeden regelmäßigen Figur läßt sich ein Kreis einschreiben.

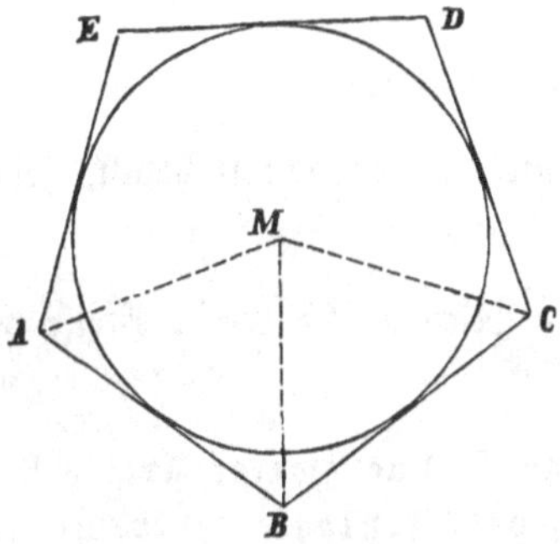


Beweis: Da die Seiten einer regelmäßigen Figur gleiche Sehnen eines Kreises sind, und gleiche Sehnen gleiche Abstände vom Mittelpunkte $M$ haben (§ 97, 2), so ist $M$ der Mittelpunkt eines Kreises, der die Seiten der regelmäßigen Figur berührt.

**120.** Der Radius des Kreises, welcher einer regelmäßigen Figur umgeschrieben ist, heißt ihr großer Radius.

Der Radius des Kreises, welcher einer regelmäßigen Figur eingeschrieben ist, heißt ihr kleiner Radius.

**121.** Der Umfang $U$ eines regelmäßigen n=Ecks, welches einem Kreise umgeschrieben ist, ist größer als der Umfang $U_1$ des demselben Kreise umgeschriebenen regelmäßigen 2 n=Ecks.

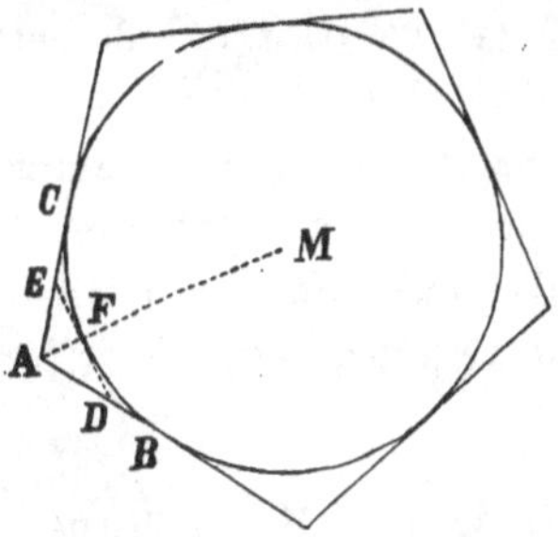


Voraussf.: 1. $A$ ist eine Ecke des regelmäßigen n=Ecks,

2. $D$ und $E$ sind Ecken des regelmäßigen 2 n=Ecks.

Behaupt.: $U > U_1$.

Beweis: Ist $F$ der Berührungspunkt der Seite $DE$, so ist $AD > DF$ (§ 48), also $AD + DB > DF + DB$ oder $AB > 2\,BD$, da $DF = DB$ ist (§ 115).

Da $U = n \cdot 2\,AB = 2\,n \cdot AB$ und

$U_1 = 2\,n \cdot 2\,BD$ ist, ist $U > U_1$.

**122.** Der Umfang des Kreises ist kleiner als der Umfang eines jeden ihm umgeschriebenen regelmäßigen n-Ecks, und größer als der Umfang eines jeden ihm eingeschriebenen n-Ecks.

Beweis: Der Kreis kann als ein regelmäßiges Vieleck mit unendlich vielen Ecken betrachtet werden.

### Beziehungen zwischen zwei Kreisen.

**123.** Zwei Kreise, welche denselben Mittelpunkt haben, heißen koncentrisch.

**124.** Die Gerade, welche die Mittelpunkte zweier Kreise verbindet, heißt ihre Centrale.

**125.** Die gemeinschaftliche Sehne zweier Kreise steht auf der Centrale senkrecht und wird durch dieselbe halbiert.

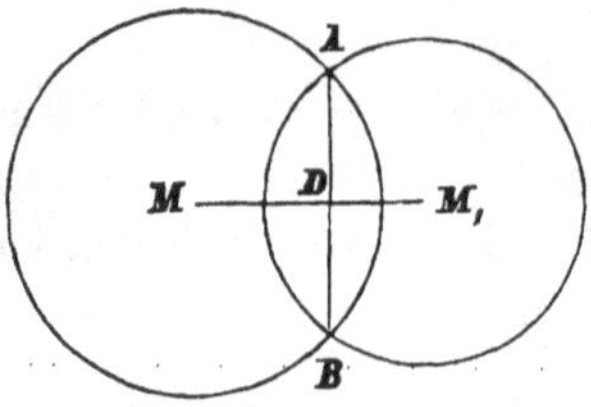


Beweis: Die Senkrechte in der Mitte der $D$ gemeinschaftlichen Sehne $AB$ geht durch beide Mittelpunkte (§ 95, 2).

**126.** An eine Tangente eines Kreises kann man einen zweiten Berührungs-Kreis entweder so legen, daß die Mittelpunkte auf einer oder auf verschiedenen Seiten der Tangente liegen. Im ersteren Falle nennt man die Tangente eine äußere, im zweiten Falle eine innere gemeinschaftliche Tangente (Fig. § 127).

Wenn zwei Kreise $M$ und $M_1$ eine Gerade in demselben Punkte $P$ berühren, so sagt man, die beiden Kreise berühren einander in $P$. Die Mittelpunkte der Kreise können entweder auf verschiedenen Seiten der gemeinschaftlichen Tangente oder auf derselben Seite derselben liegen.

**127.** Berühren sich zwei Kreise $M$ und $M_1$ im Punkte $P$, so liegt $P$ auf der Centrale beider Kreise, und es ist entweder $MP + M_1P = MM_1$ oder $MP - M_1P = MM_1$.

Beweis: Die Senkrechte im Punkte $P$ der gemeinschaftlichen

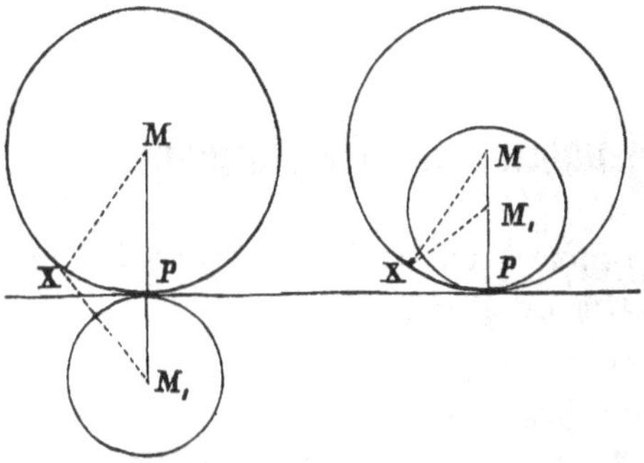


Tangente muß durch den Mittelpunkt jedes dieser Kreise gehen (§ 111). Liegen die Mittelpunkte der Kreise auf verschiedenen Seiten der gemeinschaftlichen Tangente, so ist $MP + M_1P = MM_1$, im anderen Falle $MP - M_1P = MM_1$.

**128.** Zwei Kreise, welche einander berühren, haben nur den Berührungspunkt gemein.

Vorauss.: Die Kreise $M$ und $M_1$ berühren sich in $P$.

Behaupt.: Die Kreislinien haben außer $P$ keinen Punkt gemeinschaftlich.

Beweis: Wenn $X$ ein Punkt auf dem Kreise $M$ ist, und wenn $P$ zwischen $M$ und $M_1$ liegt, so ist $MX + M_1X > MM_1$ (§ 37) oder $MX + M_1X > MP + M_1P$; also da $MX = MP$ ist, $M_1X > M_1P$. Der Punkt $X$ liegt also außerhalb des Kreises $M_1$.

Wenn $P$ auf der Verlängerung von $MM_1$ liegt, und $X$ ein Punkt auf dem Kreise $M$ ist, so ist $MX - M_1X < MM_1$ (§ 38) oder $MX - M_1X < MP - M_1P$. Da aber $MX = MP$, so ist $M_1X > M_1P$. Der Punkt $X$ liegt also außerhalb des Kreises $M_1$.

# Von der Gleichheit der Flächenräume.

**129.** Parallelogramme von gleicher Grundlinie und gleicher Höhe sind gleich an Flächenraum.

Voraussſ.: 1. $AB = A_1B_1$
2. Die Höhe $EF = E_1F_1$

Behaupt.: Parallelogramm $ABCD = A_1B_1C_1D_1$

Beweis: Da die Parallelogramme $ABCD$ und $A_1B_1C_1D_1$ gleiche

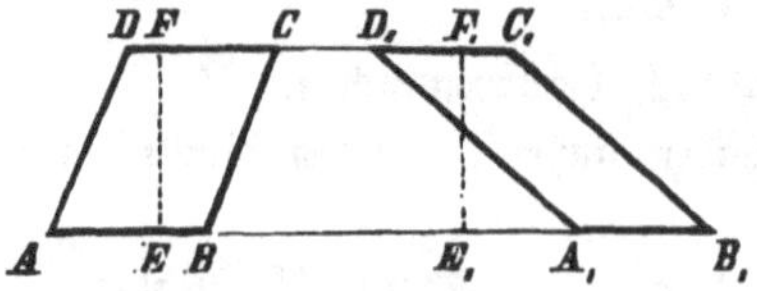


Höhen haben, lassen sie sich zwischen dieselben Parallelen legen. Dadurch entstehen die kongruenten Trapeze $AA_1D_1D$ und $BB_1C_1C$ [$AA_1 = BB_1$, $AD = BC$ (§ 80), $A_1D_1 = B_1C_1$ (§ 80), $\measuredangle DAA_1 = \measuredangle CBB_1$ (§ 26, 1), $\measuredangle AA_1D_1 = \measuredangle BB_1C_1$ (§ 26, 1)]. Nimmt man von jedem dieser Trapeze das Trapez $BA_1D_1C$ fort, so bleibt von $AA_1D_1D$ das Parallelogramm $ABCD$, von $BB_1C_1C$ das Parallelogramm $A_1B_1C_1D_1$ übrig, es ist also $ABCD = A_1B_1C_1D_1$.

**130.** Der Flächenraum eines Dreiecks ist gleich der Hälfte eines Parallelogramms, welches mit ihm gleiche Grundlinie und gleiche Höhe hat.

Voraussſ.: 1. $AB = DE$
2. Höhe $CH = KJ$

Behaupt.: $ABC = \frac{1}{2} DEFG$

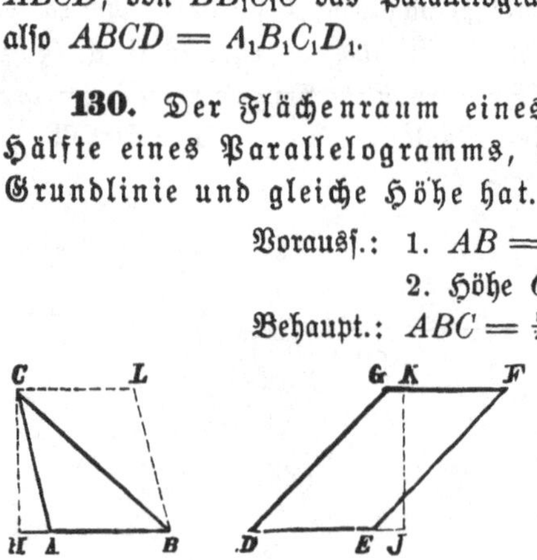


Beweis: Zieht man durch $B$ und $C$ Parallele zu $AC$ und $AB$, so ist das Dreieck $ABC$ gleich der Hälfte des Parallelogramms $ABLC$ (§ 79). $ABLC$ ist aber gleich $DEFG$, also ist $ABC = \frac{1}{2} DEFG$.

**131.** Dreiecke von gleicher Grundlinie und gleicher Höhe sind gleich an Flächenraum.

Vorausſ.: 1. $AB = A_1B_1$
2. $CD = C_1D_1$

Behaupt.: $\triangle\ ABC = \triangle\ A_1B_1C_1$

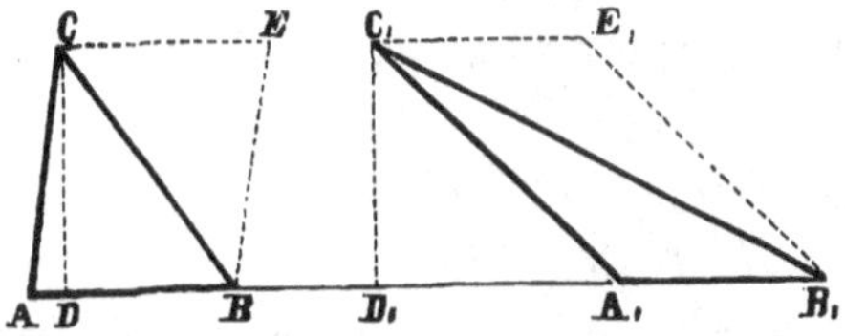


Beweis: Zieht man durch $C$ und $B$ Parallele zu $AB$ und $AC$ und ebenſo durch $C_1$ und $B_1$ Parallele zu $A_1B_1$ und $A_1C_1$, ſo erhält man die beiden Parallelogramme $ABEC$ und $A_1B_1E_1C_1$, welche nach § 130 gleichen Flächenraum haben. Das Dreieck $ABC = \frac{1}{2}\ ABEC$ und das Dreieck $A_1B_1C_1 = \frac{1}{2}\ A_1B_1E_1C$, alſo iſt $\triangle\ ABC = \triangle\ A_1B_1C_1$.

**132.** Die Geraden von der Spitze eines Dreiecks, welche die Grundlinie in gleiche Teile zerlegen, teilen auch das Dreieck in Dreiecke von gleichem Flächenraum.

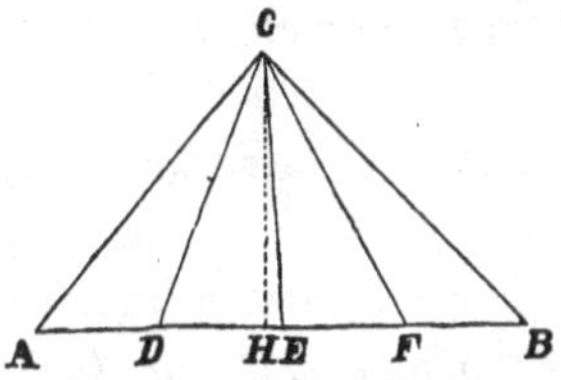


Vorausſ.: $AD = DE = EF = FB$

Behaupt.: $\triangle\ ADC = DEC = EFC = FBC$.

Beweis: Die erhaltenen Teildreiecke haben gleiche Grundlinien und dieſelbe Höhe $H$.

**133.** Der Flächenraum einer Figur, welche einem Kreiſe umgeſchrieben iſt, iſt gleich einem Dreieck, deſſen Höhe gleich dem Radius des Kreiſes und deſſen Grundlinie gleich dem Umfange der umgeſchriebenen Figur iſt.

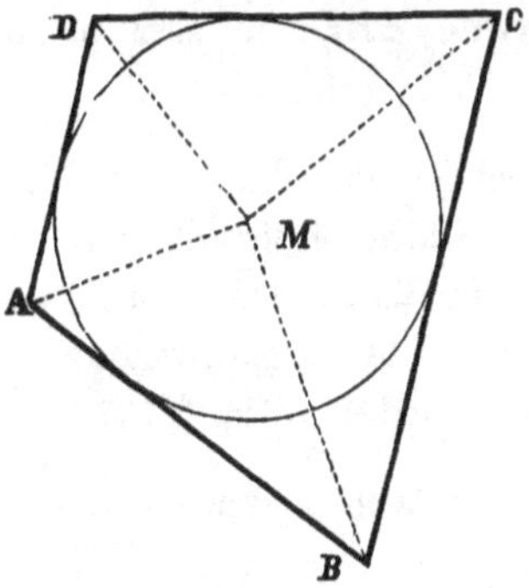


Beweis: Verbindet man den Mittelpunkt des Kreiſes mit den Ecken der Figur, ſo zerlegt man dieſelbe in Dreiecke, von denen ein jedes eine Seite der Figur als Grundlinie und den Radius des Kreiſes zur Höhe hat (§ 111). Sämtliche Dreiecke haben alſo dieſelbe Höhe. Die Summe ihrer Flächenräume iſt daher gleich einem Dreieck, deſſen Höhe gleich dem

Radius des Kreises ist und dessen Grundlinie gleich dem Umfange der umgeschriebenen Figur ist.

**134.** Scheiteldreiecke sind gleich an Flächenraum, wenn die Verbindungslinien ihrer nicht gemeinschaftlichen Ecken parallel sind.

Voraussf.: $AB \parallel CD$

Behaupt.: $\triangle ECB = \triangle EAD$

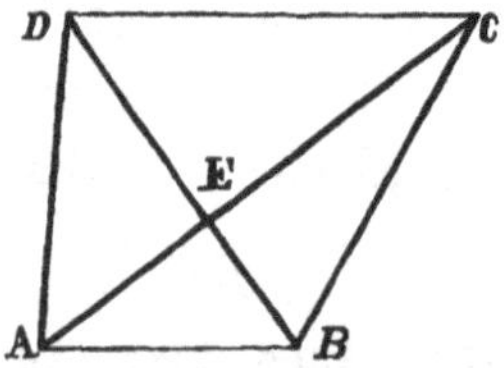

Beweis: Da $AB \parallel CD$ ist, so ist das Dreieck $ACB = ADB$ (§ 131). Nimmt man von jedem dieser Dreiecke das Dreieck $AEB$ fort, so müssen die übrig bleibenden Dreiecke $ECB$ und $EAD$ gleichen Flächenraum haben.

**135.** Der Flächenraum eines Trapezes ist gleich dem eines Dreiecks, welches mit ihm gleiche Höhe und als Grundlinie die Summe der parallelen Seiten des Trapezes hat.

Beweis: Nimmt man auf der Verlängerung der Seite $AB$ einen Punkt $E$ so an, daß $BE = CD$ ist und schneidet die Gerade $DE$ die Seite $BC$ in $F$, so ist das Dreieck $BEF \cong CDF$ [$BE = CD$, $\measuredangle FBE = \measuredangle FCD$ (§ 26, 2), $\measuredangle FEB = \measuredangle FDC$ (§ 26, 2)].

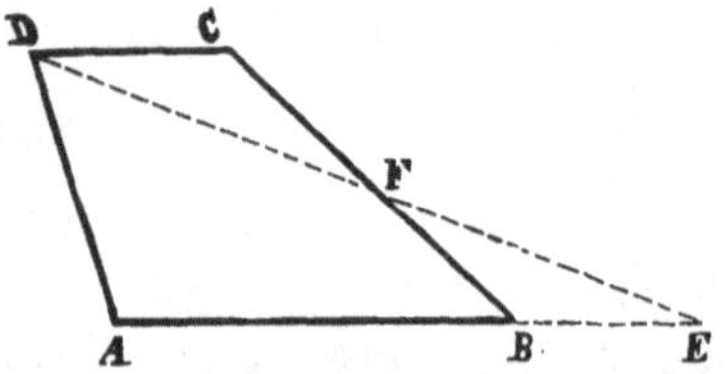

Es ist also $ABFD + BEF = ABFD + CDF$ oder $AED = ABCD$. Die Grundlinie $AE$ des Dreiecks $AED$ ist aber gleich $AB + CD$.

**136.** Die Geraden, welche man durch einen Punkt der Diagonale eines Parallelogramms zu den Seiten desselben parallel zieht, zerlegen das Parallelogramm in vier Parallelogramme, von denen diejenigen, welche von der Diagonale nicht geschnitten werden, Ergänzungsparallelogramme genannt werden. Fig. § 137.

**137.** Die Ergänzungsparallelogramme haben gleichen Flächenraum.

Vorauss.: *PEBF* und *PGDH* sind Ergänzungsparallelogramme,

Behaupt.: $PEBF = PGDH$.

Beweis: Aus § 77 folgt, daß

$$\triangle ABC \cong \triangle CDA,$$
$$\triangle AEP \cong \triangle PHA,$$
$$\triangle PFC \cong \triangle CGP.$$

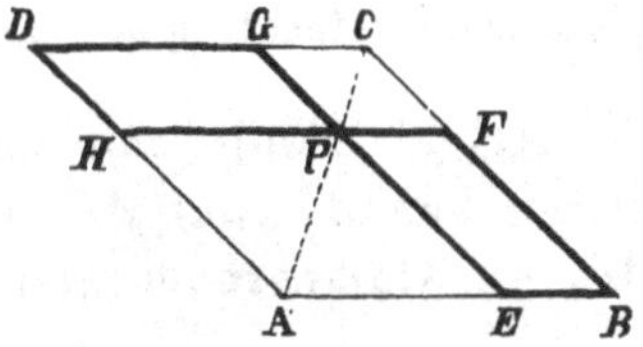


Nimmt man daher vom Dreieck *ABC* die Dreiecke *AEP* und *PFC* fort, so ist der Rest gleich dem Rest, welchen man erhält, wenn man von *CDA* die beiden Dreiecke *PHA* und *CGP* fortnimmt, es ist also $PEBF = PGDH$.

**138.** Das Quadrat der Höhe im rechtwinkligen Dreieck ist gleich dem Rechteck aus den Abschnitten der Hypotenuse.

Vorauss.: 1. $\measuredangle ACB = 1$ R.
2. $\measuredangle ADC = 1$ R.

Behaupt.: $CDEF =$ dem Rechteck aus *DA* und *DB*.

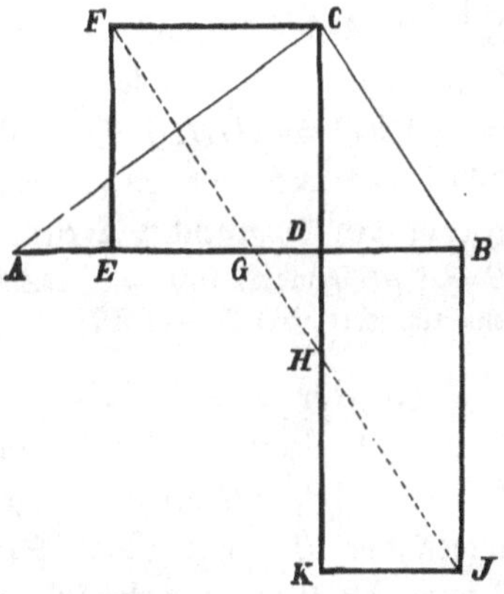


Beweis: Eine Parallele zu *CB* durch die Ecke *F* des Quadrats *CFED* schneidet *AB* in *G*, die Verlängerung von *CD* in *H* und die durch *B* zu *AB* senkrecht gelegte Gerade in *J*. Das Quadrat

$$\left.\begin{aligned} CFED &= CFGB \\ CFGB &= CHJB \\ CHJB &= BDKJ \end{aligned}\right\} (\S\ 124),$$

also ist $CFED = BDKJ$. Das Rechteck *BDKJ* ist aber gebildet aus *BJ* und *DB* oder aus *DA* und *DB*, weil $BJ = DA$ ist als gleichliegende Seiten in den kongruenten Dreiecken *BJG* und *DAC* [$BG = CD = (CF)$, $\measuredangle JBG = \measuredangle ADC = 1$ R., $\measuredangle BJG = \measuredangle DAC$, denn $\measuredangle BJG = \measuredangle BCD$ (§ 80, 2), und $BCD + ACD = 1$ R. und $DAC + ACD = 1$ R.]. Es ist also das Quadrat über *DC* gleich dem Rechteck aus *DA* und *DB*.

**139.** Fällt man von einem Punkte $C$ des Schenkels eines Winkels $A$ auf den anderen Schenkel $AB$ eine Senkrechte $CC_1$, so nennt man die Entfernung des Punktes $C_1$ vom Scheitel $A$ die Projektion von $AC$ auf $AB$. Ist der Winkel $A$ ein rechter, so ist die Projektion von $AC$ auf $AB = 0$. Ist der Winkel $A$ ein stumpfer, so liegt die Projektion von $AC$ auf der Verlängerung von $BA$.

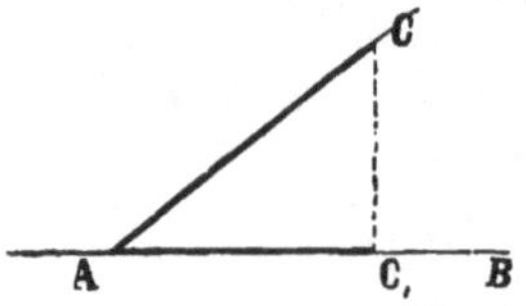


**140.** Ist beim Winkel $CAB$ $AC_1$ die Projektion von $AC$ auf $AB$ und $AB_1$ die Projektion von $AB$ auf $AC$, so ist das Rechteck aus $AB$ und $AC_1$ an Flächenraum gleich dem aus $AC$ und $AB_1$.

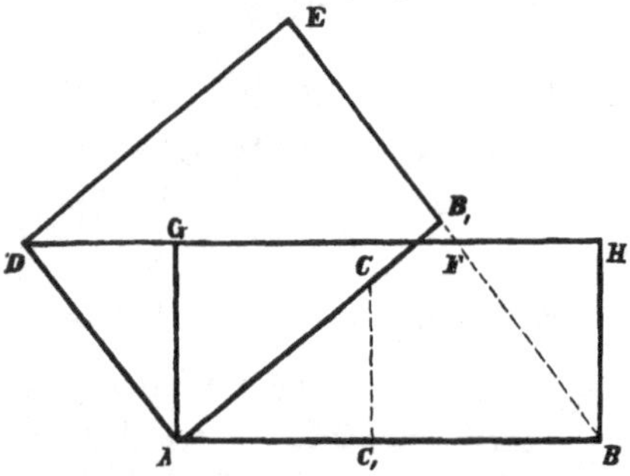


Beweis: Zeichnet man über $AB_1$ das Rechteck $AB_1ED$ so, daß $AD = AC$ ist, so ist dasselbe gebildet aus $AC$ und $AB_1$. Zieht man durch $D$ eine Parallele zu $AB$, welche $BB_1$ in $F$ und die in $A$ und $B$ auf $AB$ errichteten Senkrechten in $G$ und $H$ schneidet, so ist $AB_1ED = ABFD = ABHG$ (§. 129). Das Rechteck $ABHG$ ist aber gebildet aus $AB$ und $AC_1$, denn $AC_1 = AG$ als gleichliegende Seiten in den kongruenten Dreiecken $AC_1C$ und $AGD$ [$AC = AD$, $\measuredangle AC_1C = \measuredangle AGD$ und $\measuredangle CAC_1 = \measuredangle DAG$, denn ein jeder ist 1 R. — $CAG$].

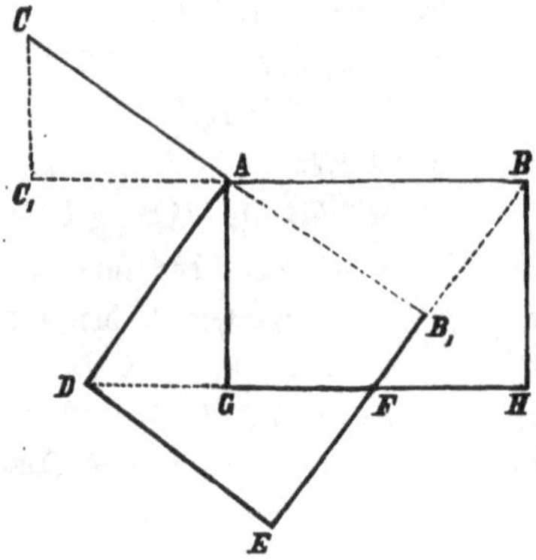


Ist der Winkel $CAB$ ein stumpfer, so liegen die Projektionen $AC_1$ und $AB_1$ auf den Verlängerungen von $BA$ und $CA$. Der Beweis bleibt aber unverändert. — Ist der Winkel bei $A$ ein rechter, so sind die Projektionen beide gleich Null, und daher keine Rechtecke vorhanden.

**141.** Das Quadrat der Kathete ist an Flächenraum gleich dem Rechteck, welches gebildet wird aus der Hypotenuse und der auf ihr liegenden Projektion jener Kathete.

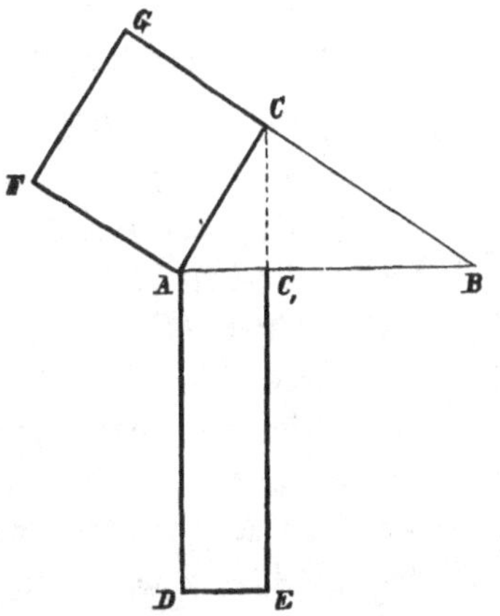

Beweis: Da im rechtwinkligen Dreieck $ACB$ $AC$ die Projektion von $AB$ auf $AC$ ist, so ist das Rechteck aus $AC$ und $AC_1$ d. h. das Quadrat über $AC$ an Flächenraum gleich dem Rechteck aus $AC_1$ und $AB$ (§ 140).

**142.** Das Quadrat der Hypotenuse ist gleich der Summe der Quadrate der beiden Katheten. (Der Lehrsatz des Pythagoras.)

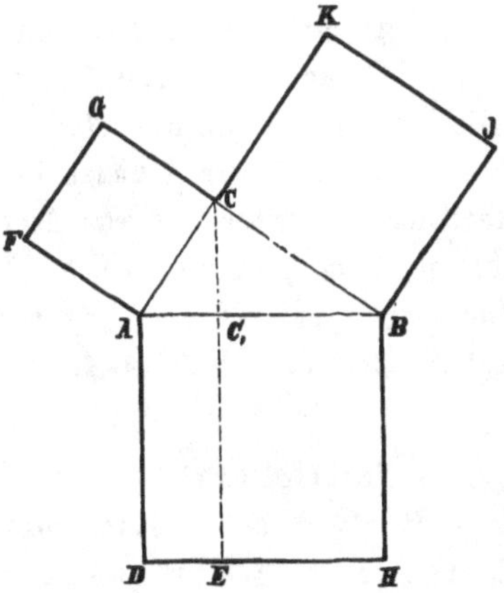

Vorausſ.: $\measuredangle ACB = 1$ R.

Behaupt.: $AB^2 = AC^2 + BC^2$

Beweis: Verlängert man die von $C$ auf $AB$ gefällte Senkrechte $CC_1$, so wird das Quadrat über $AB$ in zwei Rechtecke zerlegt, von denen das eine gleich dem Quadrat über $AC$, das andere gleich dem Quadrat über $BC$ ist. Es ist also $AB^2 = AC^2 + BC^2$.

**143.** Das Quadrat der Dreiecksseite, welche einem spitzen Winkel gegenüberliegt, ist gleich der Summe der Quadrate der beiden anderen Seiten, vermindert um das doppelte Rechteck, welches gebildet wird aus einer dieser Seiten und der auf ihr liegenden Projektion der anderen.

Vorausſ.: 1. $\measuredangle ACB$ ist spitz,
2. $\measuredangle CC_1A = 1$ R.,
3. $\measuredangle AA_1B = 1$ R.,
4. $\measuredangle BB_1A = 1$ R.

Behaupt.: $AB^2 = AC^2 + BC^2$ — 2 mal das Rechteck aus $CA$ u. $CB$
oder
$AB^2 = AC^2 + BC^2$ — 2 mal das Rechteck aus $CB$ u. $CA_1$.

Beweis: Verlängert man die Senkrechten $CC_1$, $AA_1$ $BB_1$, so zerlegt man jedes der über den Seiten gezeichneten Quadrate in zwei Rechtecke. Das Rechteck über $AC_1$ ist gleich dem über $AB_1$, das über $BC_1$ gleich dem über $BA_1$, also ist $AB^2$ gleich der Summe der Rechtecke über $AB_1$ und über $BA_1$. Das Rechteck über $AB_1$ ist aber gleich dem Quadrat über $AC$, vermindert um das Rechteck über $CB_1$ und das Rechteck über $BA_1$ ist gleich dem Quadrate über $BC$, vermindert um das Rechteck über $CA_1$. Das Quadrat über $AB$ ist also gleich der Summe der Quadrate über $AC$ und $BC$, vermindert um die beiden Rechtecke über $CB_1$ und $CA_1$. Da diese Rechtecke aber gleich an Flächenraum sind, ist

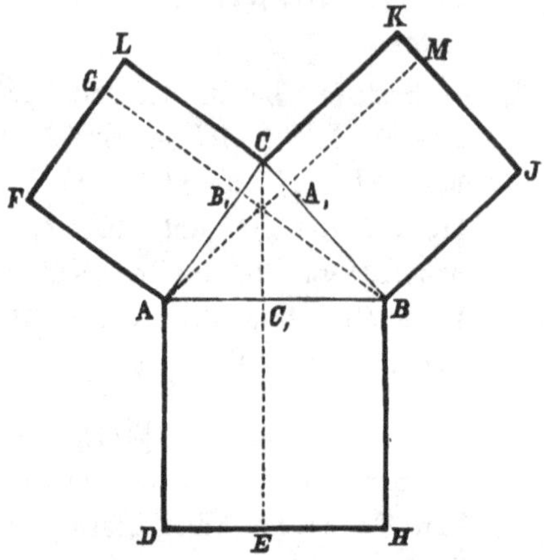


$AB^2 = AC^2 + BC^2$ — 2 mal das Rechteck aus $CA$ und $CB_1$ oder
$AB^2 = AC^2 + BC^2$ — 2 mal das Rechteck aus $CB$ und $CA_1$.

**144.** Das Quadrat der Dreiecksseite, welche einem stumpfen Winkel gegenüberliegt, ist gleich der Summe der Quadrate der beiden anderen Seiten, vermehrt um das doppelte Rechteck, welches gebildet wird aus einer dieser Seiten und der auf ihr liegenden Projektion der andern.

Voraussf.: 1. $\measuredangle\ ACB$ ist stumpf,
2. $\measuredangle\ CC_1A = 1$ R.,
3. $\measuredangle\ AA_1B = 1$ R.,
4. $\measuredangle\ BB_1A = 1$ R.

Behaupt.: $AB^2 = AC^2 + BC^2 + 2$ mal das Rechteck aus $CA$ u. $CB_1$
$AB^2 = AC^2 + BC^2 + 2$ mal das Rechteck aus $CB$ u. $CA_1$.

Beweis: Verlängert man die Senkrechten $CC_1$, so zerlegt man das Quadrat über $AB$ in zwei Rechtecke. Das Rechteck über $AC_1$ ist gleich dem über $AB_1$, das über $BC_1$ gleich dem über $BA_1$, also ist $AB^2$ gleich der Summe der Rechtecke über $AB_1$ und über $BA_1$. Das Rechteck über $AB_1$ besteht aber aus dem Quadrat über $AC$ und dem Rechteck über $CB_1$, und das Rechteck über $BA_1$ aus dem Quadrat über $BC$ und dem Rechteck über $CA_1$. Es ist also $AB^2 = AC^2 + BC^2$, vermehrt um die beiden Rechtecke über $CA_1$ und $CB_1$. Da diese Rechtecke aber gleich an Flächenraum sind, so ist

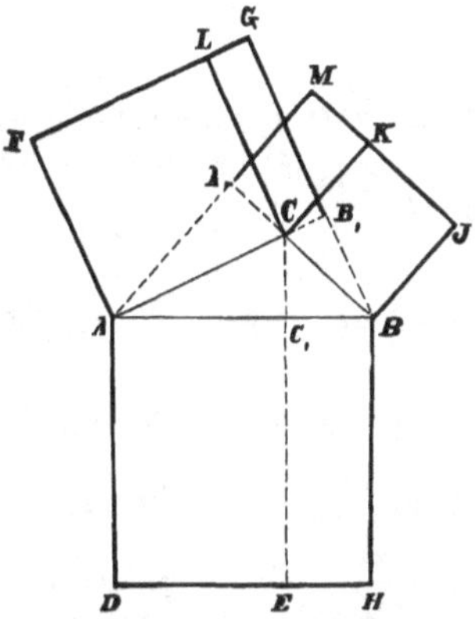


$$AB^2 = AC^2 + BC^2 + 2 \text{ mal das Rechteck aus } CA \text{ und } CB_1.$$
$$AB^2 = AC^2 + BC^2 + 2 \text{ mal das Rechteck aus } CB \text{ und } CA_1.$$

# Von der Gleichheit der Verhältnisse.

## Von dem Verhältnis der Strecken.

**145.** Unter dem Verhältnis zweier Strecken versteht man die Zahl, welche angiebt, wie oft die eine in der anderen enthalten ist. Das Verhältnis zweier Strecken wird gefunden, indem man ihre Maßzahlen durch einander dividiert.

**146.** Zerlegt man eine Strecke $AB$ in $a$ gleiche Teile, von denen ein jeder gleich $m$ ist, so ist $AB = a \cdot m$. Trägt man die Strecke $m$ auf einer anderen Strecke $CD$ von $C$ beginnend nach einander ab, so kann, nachdem dieselbe $b$ mal abgetragen ist, der letzte Teilpunkt $E$ entweder mit $D$ zusammenfallen, oder der Punkt $E$ liegt vor $D$ so, daß $ED$ kleiner ist als die Strecke $m$.

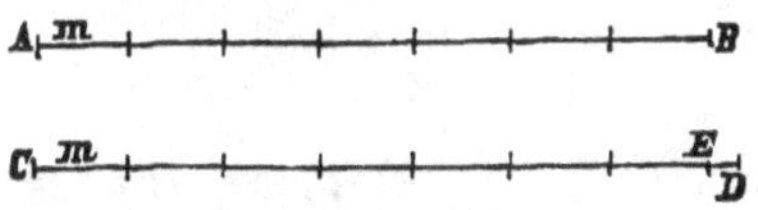

Fällt $E$ mit $D$ zusammen, so ist $CD = b \cdot m$ und das Verhältnis $\frac{CD}{AB} = \frac{b}{a}$.

Fällt $E$ vor $D$, so ist $CD > b \cdot m$ und $< (b + 1)\,m$. Folglich ist $\frac{CD}{AB} > \frac{b}{a}$ und $\frac{CD}{AB} < \frac{b+1}{a}$ oder $\frac{CD}{AB} < \frac{b}{a} + \frac{1}{a}$.
Das Verhältnis $\frac{CD}{AB}$ unterscheidet sich also von $\frac{b}{a}$ um weniger als der Bruch $\frac{1}{a}$. Je kleiner der Teil $m$ angenommen wird, um so größer werden die Zahlen $a$ und $b$, aber um so kleiner der Bruch $\frac{1}{a}$. Man kann also das Verhältnis $\frac{AB}{CD}$ bis zu jeder beliebigen Genauigkeit durch den Quotienten zweier ganzen Zahlen $a$ und $b$ ausdrücken, wenn man den Teil $m$ klein genug annimmt.

**147.** Durchläuft ein Punkt $X$ die Strecke $AB$, so nimmt das Verhältnis $\frac{XA}{XB}$ stetig zu und zwar von null bis unendlich.

Beweis: Wenn $X$ seine Bewegung beginnt, ist $XA = 0$, also

$\frac{XA}{XB} = 0$. Wenn $XA$ zunimmt, so nimmt $XB$ ab, es muß also $\frac{XA}{XB}$ wachsen. Wenn $X$ in der Mitte von $AB$ liegt, ist $XA = XB$, also $\frac{XA}{XB} = 1$. Wenn $X$ nach $B$ gelangt, ist $XA = AB$ und $XB = 0$, also $\frac{XA}{XB}$ größer als jede endliche Zahl.

**148.** Durchläuft ein Punkt $X$ die Verlängerungen der Strecke $BA$ von $A$ beginnend und in $B$ endigend, so nimmt das Verhältnis $\frac{XA}{XB}$ stetig zu und zwar von null bis unendlich.

Beweis: Wenn $X$ seine Bewegung beginnt, ist $XA \doteq 0$, also $\frac{XA}{XB} = 0$. So lange $X$ auf der Verlängerung von $BA$ liegt, ist

$XA < XB$, also $\frac{XA}{XB} < 1$. — Sind $X$ und $X_1$ zwei Punkte auf der Verlängerung von $BA$, und ist $XA < X_1A$, so ist

$$\frac{X_1A}{X_1B} = \frac{XA + XX_1}{XB + XX_1}, \text{ also ist } \frac{X_1A}{X_1B} > \frac{XA}{XB},$$

denn ein echter Bruch wächst, wenn man Zähler und Nenner um Gleiches vermehrt. Wenn $X$ auf der Verlängerung von $AB$ liegt, ist $XA > XB$, also $\frac{XA}{XB} > 1$. — Sind $X$ und $X_1$ zwei Punkte auf der Verlängerung von $AB$, und ist $XA > X_1A$, so ist

$$\frac{X_1A}{X_1B} = \frac{XA - XX_1}{XB - XX_1}, \text{ also ist } \frac{X_1A}{X_1B} > \frac{XA}{XB},$$

denn ein unechter Bruch wächst, wenn man Zähler und Nenner um Gleiches vermindert. — Wenn $X$ in $B$ anlangt, ist $AX = AB$, und $BX = 0$, also ist $\frac{AX}{BX}$ größer als jede endliche Zahl.

**149.** Drei Parallele schneiden alle Geraden in demselben Verhältnis.

Vorausſ.: $AA_1 \parallel BB_1 \parallel CC_1$

Behaupt.: $\frac{AB}{AC} = \frac{A_1B_1}{A_1C_1}$.

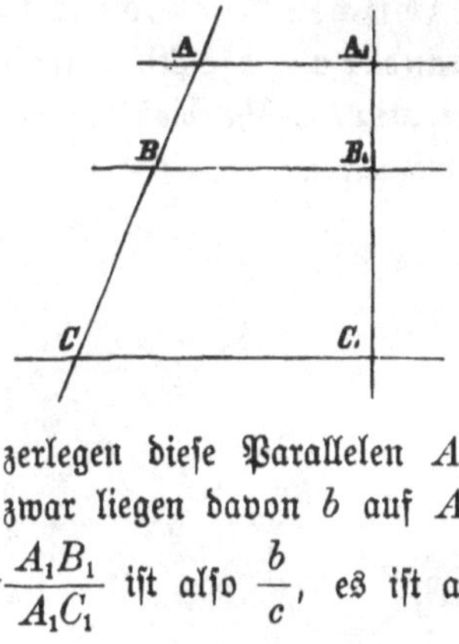


Beweis: Wenn das Verhältnis $\frac{AB}{AC}$ durch den Quotienten $\frac{b}{c}$ ausgedrückt ist, in dem $b$ und $c$ ganze Zahlen sind (§ 146), so kann man $AB$ in $b$ und $AC$ in $c$ gleiche Teile zerlegen und durch jeden Teilpunkt eine Parallele zu $AA_1$ ziehen. Nach § 76 zerlegen diese Parallelen $A_1B_1$ und $A_1C_1$ in gleiche Strecken und zwar liegen davon $b$ auf $A_1B_1$ und $c$ auf $A_1C_1$. Das Verhältnis $\frac{A_1B_1}{A_1C_1}$ ist also $\frac{b}{c}$, es ist also $\frac{AB}{AC} = \frac{A_1B_1}{A_1C_1}$.

**150.** Eine Parallele zu einer Dreiecksseite schneidet die beiden anderen Seiten in gleichem Verhältnis.

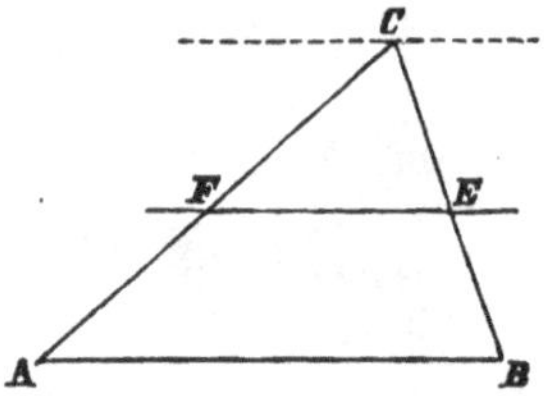


Vorauss.: $EF \parallel AB$

Behaupt.: $\frac{FA}{FC} = \frac{EB}{EC}$.

Beweis: Zieht man durch $C$ eine Parallele zu $AB$, so ist nach § 149 $\frac{FA}{FC} = \frac{EB}{EC}$.

Ebenso ist auch $\frac{AC}{AF} = \frac{BC}{BE}$ und $\frac{CA}{CF} = \frac{CB}{CE}$.

**151.** Werden die Seiten $CA$ und $CB$ eines Dreiecks durch die Punkte $F$ und $E$ in gleichem Verhältnis geteilt, so ist $FE$ parallel zu $AB$.

Vorauss.: $\frac{FA}{FC} = \frac{EB}{EC}$

Behaupt.: $FE \parallel AB$.

Beweis: Die Parallele durch $F$ zu $AB$ schneidet $BC$ so, daß $\frac{FA}{FC} = \frac{EB}{EC}$ ist. Für jeden anderen Punkt $X$ auf $CB$ hat $\frac{XB}{XC}$ einen anderen Wert (§ 147). Ist also $\frac{CA}{CF} = \frac{CB}{CE}$, so muß die Gerade, welche $F$ und $E$ verbindet, parallel $AB$ sein.

**152.** Die parallelen Strecken zwischen den Schenkeln eines Winkels verhalten sich zu einander wie die Abschnitte auf den Schenkeln, d. h. wie die Strecken, welche dieselben auf den Schenkeln vom Scheitelpunkt aus abschneiden.

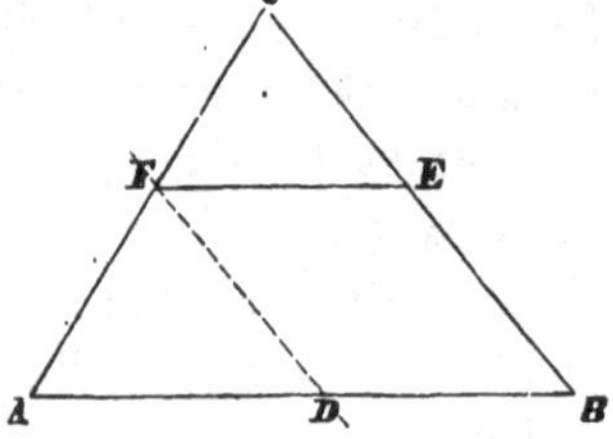


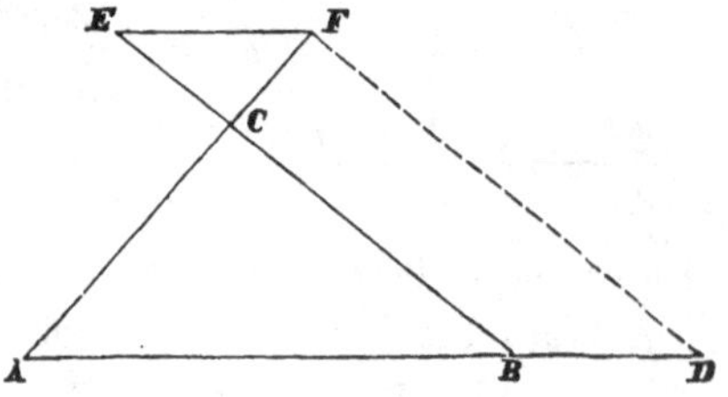


Vorauss.: $FE \parallel AB$.

Behaupt.: $\frac{CA}{CF} = \frac{BA}{EF}$.

Beweis: Zieht man $FD$ parallel zu $BC$, so ist nach § 150 $\frac{CA}{CF} = \frac{BA}{BD}$. Es ist aber $BD = FE$ (§ 80), also ist $\frac{CA}{CF} = \frac{BA}{EF}$.

Dasselbe findet auch statt, wenn die parallelen Strecken zwischen den Schenkeln von einem Paar Scheitelwinkeln liegen.

**153.** Parallele Gerade werden von den Strahlen eines Büschels in gleichem Verhältnis geschnitten.

Vorausſ.: 1. $AB \parallel A_1B_1$

2. $AA_1$, $BB_1$, $CC_1$ schneiden sich in einem Punkte.

Behaupt.: $\frac{AB}{AC} = \frac{A_1B_1}{A_1C_1}$.

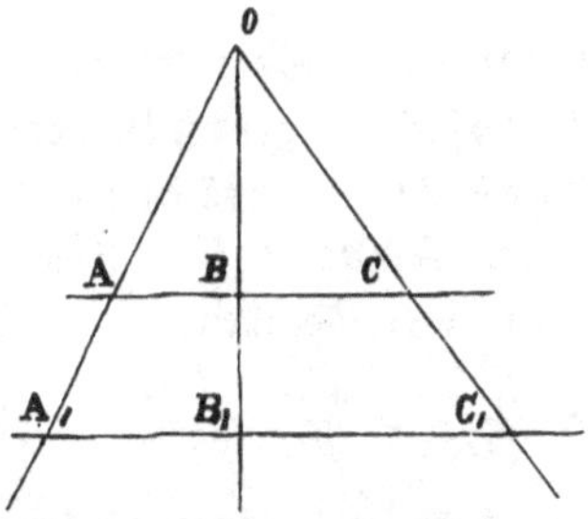


Beweis: Es ist

$$\frac{OA}{OA_1} = \frac{AB}{A_1B_1} \quad (\S\ 152)$$

und $\frac{OA}{OA_1} = \frac{AC}{A_1C_1}$ (§ 152)

also $\frac{AB}{A_1B_1} = \frac{AC}{A_1C_1}$ oder durch Vertauschung der inneren Glieder

$$\frac{AB}{AC} = \frac{A_1B_1}{A_1C_1}.$$

**154.** Die Halbierungslinie eines Winkels im Dreieck schneidet die Gegenseiten im Verhältnis der beiden andern Seiten.

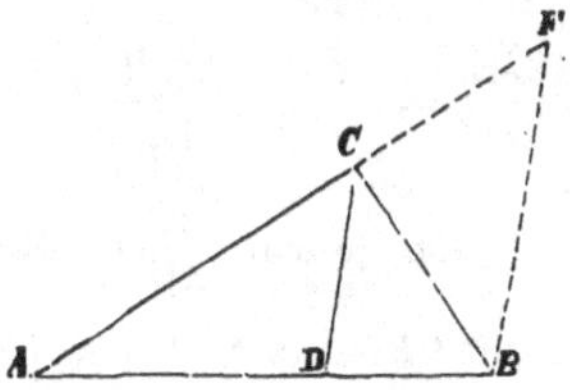


Vorausſ.: $\measuredangle\ ACD = \measuredangle\ BCD$

Behaupt.: $\frac{DA}{DB} = \frac{CA}{CB}$.

Beweis: Zieht man durch $B$ eine Parallele zu $CD$, welche die Verlängerung von $AC$ in $F$ schneidet, so ist $\frac{DA}{DB} = \frac{CA}{CF}$ (§ 150). $CF$ ist aber gleich $CB$, da der $\measuredangle\ CBF = \measuredangle\ CFB$ ist [$\measuredangle\ CBF = \measuredangle\ BCD$ (§ 26, 2) und $\measuredangle\ CFB = \measuredangle\ ACD$ (§ 26, 1)].

**155.** Wenn eine Gerade, welche durch die Ecke eines Dreiecks gelegt ist, die Gegenseite im Verhältnis der beiden anderen Seiten schneidet, so halbiert sie den Winkel an jener Ecke.

Vorauss.: $\frac{DA}{DB} = \frac{CA}{CB}$.

Behaupt.: $\measuredangle\, ACD = \measuredangle\, BCD$.

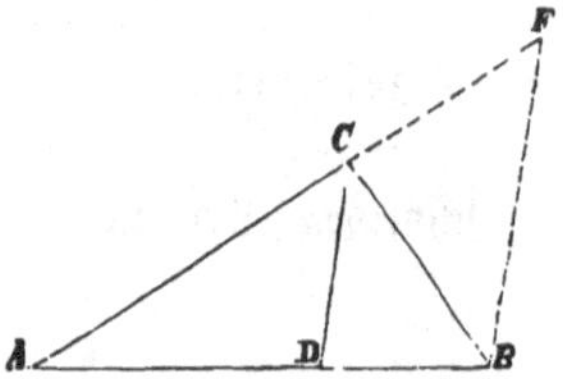


Beweis: Da für jeden Punkt $X$ der Strecke $AB$ das Verhältnis $\frac{XA}{XB}$ verschiedene Werte hat (§ 147), so giebt es auf $AB$ nur einen Punkt für den dasselbe gleich $\frac{CA}{CB}$ wird, und dieser Punkt ist der Schnittpunkt der Halbierungslinie des Winkels, also halbiert $CD$ den Winkel $ACB$.

**156.** Jede Transversale schneidet die Seiten eines Dreiecks $ABC$ so, daß das Verhältnis auf $AB$*) gleich ist dem Verhältnis auf $AC$, dividiert durch das Verhältnis auf $BC$.

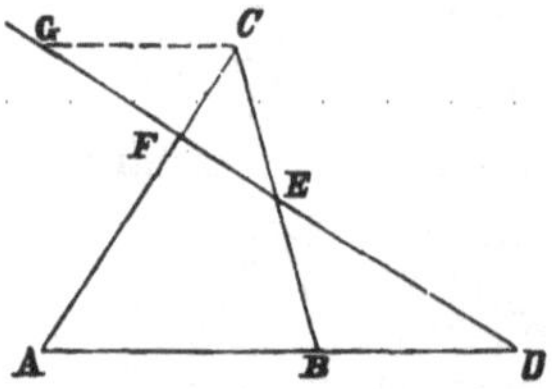


Vorauss.: Die Punkte $D, E, F$ liegen in einer Geraden.

Behaupt.: $\frac{DA}{DB} = \frac{FA}{FC} : \frac{EB}{EC}$.

Beweis: Zieht man durch $C$ eine Parallele zu $AB$, welche die Transversale in $G$ schneidet, so ist

$$\frac{DA}{GC} = \frac{FA}{FC} \text{ (§ 153) und } \frac{DB}{CG} = \frac{EB}{EC} \text{ (§ 152), also}$$

$$\frac{DA}{GC} : \frac{DB}{GC} = \frac{FA}{FC} : \frac{EB}{EC} \text{ oder } \frac{DA}{DB} = \frac{FA}{FC} : \frac{EB}{EC}.$$

---

*) Liegen auf einer Geraden drei Punkte $A, B, C$, so wird $\frac{AB}{AC}$ das Verhältnis auf $BC$, dagegen $\frac{AC}{AB}$ das Verhältnis auf $CB$ genannt. Es ist also $\frac{BC}{BA}$ das Verhältnis auf $CA$, $\frac{BA}{BC}$ das auf $AC$ und $\frac{CA}{CB}$ das auf $AB$ und $\frac{CB}{CA}$ das auf $BA$.

Von den Schnittpunkten der Transversalen liegt entweder nur einer, oder alle drei auf den Verlängerungen der Seiten. Die Zahl der Schnittpunkte, welche eine Transversale auf den Verlängerungen bestimmt, ist also stets ungrade.

**157.** Liegen auf den Seiten eines Dreiecks drei Punkte so, daß das Verhältnis auf $AB$ gleich ist dem Verhältnis auf $AC$, dividiert durch das Verhältnis auf $BC$, so liegen die drei Punkte auf einer Geraden, wenn von diesen Punkten eine ungerade Anzahl auf den Verlängerungen liegt. Fig. § 156.

Vorauss.: 1. $\frac{DA}{DB} = \frac{FA}{FC} : \frac{EB}{EC}$

2. Von den Punkten $D, E, F$ liegt eine ungerade Anzahl auf den Verlängerungen.

Behaupt.: $D, E, F$ liegen in einer Geraden.

Beweis: Wenn $D$ auf einer Verlängerung der Seite $AB$ liegt, befinden sich $F$ und $E$ entweder beide auf den Seiten $AC$ und $BC$ selbst, oder sie liegen beide auf deren Verlängerungen. Zieht man die Gerade $FE$, so schneidet dieselbe die Gerade $AB$ in einem Punkte $X$, welcher in beiden Fällen nicht zwischen $A$ und $B$ liegen kann. Es ist dann $\frac{XA}{XB} = \frac{FA}{FC} : \frac{EB}{EC}$ (§ 156). Es ist aber nach der Annahme $\frac{DA}{DB} = \frac{FA}{FC} : \frac{EB}{EC}$, also muß $\frac{XA}{XB} = \frac{DA}{DB}$ sein. Da für jeden Punkt $X$ der Verlängerungen von $AB$ $\frac{XA}{XB}$ verschiedene Werte hat (§ 148), so muß $X$ mit $D$ zusammenfallen, also liegen $D, E, F$ in einer Geraden.

**158.** Die drei Ecktransversalen eines Dreiecks $ABC$, welche durch einen Punkt $O$ gehen, schneiden die Geraden des Dreiecks so, daß das Verhältnis auf $AB$, gleich ist dem Verhältnis auf $AC$, dividiert durch das Verhältnis auf $BC$.

Vorauss.: $AE, BF, CD$ schneiden sich in $O$.

Behaupt.: $\frac{DA}{DB} = \frac{FA}{FC} : \frac{EB}{EC}$.

Beweis: Für das Dreieck $DBC$ ist $AOE$ Transversale, also ist

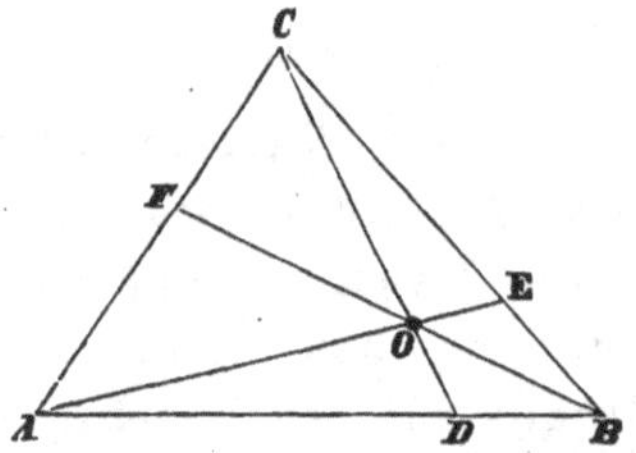


$$\frac{AD}{AB} = \frac{OD}{OC} : \frac{EB}{EC} \text{ (§ 156).}$$

Für das Dreieck $DAC$ ist $BOF$ Transversale, also ist

$$\frac{BD}{BA} = \frac{OD}{OC} : \frac{FA}{FC} \text{ (§ 156).}$$

Durch Division der Gleichungen folgt

$$\frac{AD}{BD} = \frac{FA}{FC} : \frac{EB}{EC}.$$

Wenn $O$ ein Punkt im Dreieck ist, so liegen die drei Schnittpunkte auf den Seiten selbst, ist $O$ ein Punkt außerhalb des Dreiecks, so liegt nur ein Punkt auf einer Seite, die beiden anderen auf den Verlängerungen. Die Zahl der Schnittpunkte, welche die drei Eck-Transversalen auf den Seiten selbst geben, ist also immer ungerade.

**159.** Liegen auf den Geraden eines Dreiecks $ABC$ drei Punkte $D, E, F$ so, daß $\frac{DA}{DB} = \frac{FA}{FC} : \frac{EB}{EC}$ ist, so schneiden sich die durch diese Punkte gelegten Ecktransversalen in einem Punkte, wenn von den Punkten $D, E, F$ eine ungerade Anzahl auf den Seiten liegt.

Voraussf.: 1. $\frac{DA}{DB} = \frac{FA}{FC} : \frac{EB}{EC}$

2. Von den Punkten $D, E, F$ liegt eine ungerade Anzahl auf den Seiten.

Behaupt.: Die Geraden $AE$, $BF$ und $CD$ schneiden sich in einem Punkte $O$.

Beweis: Wenn $D$ auf $AB$ liegt, so befinden sich $F$ und $E$ entweder beide auf den Seiten $AC$ und $BC$, oder sie liegen beide auf den Verlängerungen dieser Seiten. Zieht man die Geraden $AE$ und $BF$, welche sich in $O$ schneiden, so trifft die Gerade $CO$ die Gerade $AB$ in einem Punkte $X$, welcher in beiden Fällen zwischen

$A$ und $B$ liegt. Es ist dann $\frac{XA}{XB} = \frac{FA}{FC} : \frac{EB}{EC}$ (§ 156), nach der Annahme ist $\frac{DA}{DB} = \frac{FA}{FB} : \frac{EB}{EC}$, also muß $\frac{XA}{XB} = \frac{DA}{DB}$ sein. Da alle Werte von $\frac{XA}{XB}$, so lange $X$ zwischen $A$ und $B$ liegt, von einander verschieden sind (§ 147), muß $X$ und $D$ zusammenfallen, es schneiden sich also die Ecktransversalen in einem Punkte.

## Von ähnlich liegenden Figuren.

**160.** Wenn von einem Punkte $O$ Gerade durch die Ecken einer Figur $ABCD$ gelegt werden, und auf $OA$ der Punkt $A_1$, auf $OB$ der Punkt $B_1$, auf $OC$ der Punkt $C_1$ u. s. w. so angenommen wird, daß

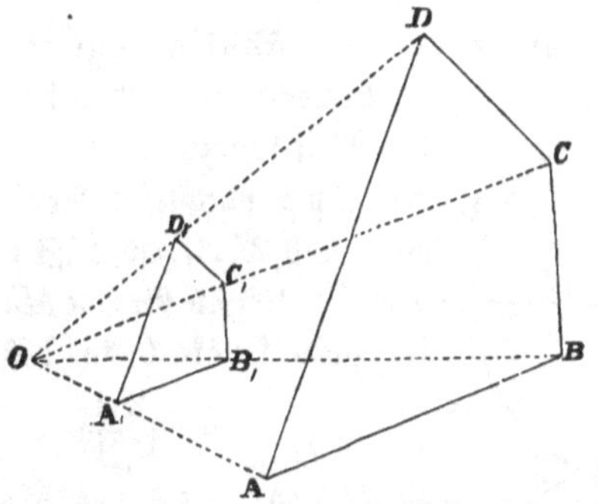


$$\frac{OA}{OA_1} = \frac{OB}{OB_1} = \frac{OC}{OC_1}$$

u. s. w. ist, so nennt man die Figuren $ABCD$ und $A_1B_1C_1D_1$ ähnlichliegend. Der Punkt $O$ heißt Ähnlichkeitspunkt der Figuren und zwar der äußere Ähnlichkeitspunkt, wenn $O$ auf den Verlängerungen der Strecken $AA_1$, $BB_1$ u. s. w. liegt, dagegen der innere Ähnlichkeitspunkt, wenn $O$ auf den Strecken $AA_1$, $BB_1$ u. s. w. liegt. Die Ecken, welche auf demselben Strahle liegen, nennt man sich entsprechende Ecken, die Seiten zwischen sich entsprechenden Ecken sich entsprechende Seiten und die Winkel zwischen sich entsprechenden Seiten sich entsprechende Winkel.

**161.** Sich entsprechende Seiten in ähnlichliegenden Figuren sind parallel und haben dasselbe Verhältnis.

Beweis: 1. Da $\frac{OA}{OA_1} = \frac{OB}{OB_1}$ ist, ist $AB \parallel A_1B_1$ (§ 151).

2. Da $\frac{OA}{OA_1} = \frac{AB}{A_1B_1}$ und $\frac{OA}{OA_1} = \frac{AD}{A_1D_1}$ (§ 152), so ist

$$\frac{AB}{A_1B_1} = \frac{AD}{A_1D_1} \text{ oder } \frac{AB}{AD} = \frac{A_1B_1}{A_1D_1}.$$

**162.** In ähnlichliegenden Figuren sind die sich entsprechenden Winkel gleich.

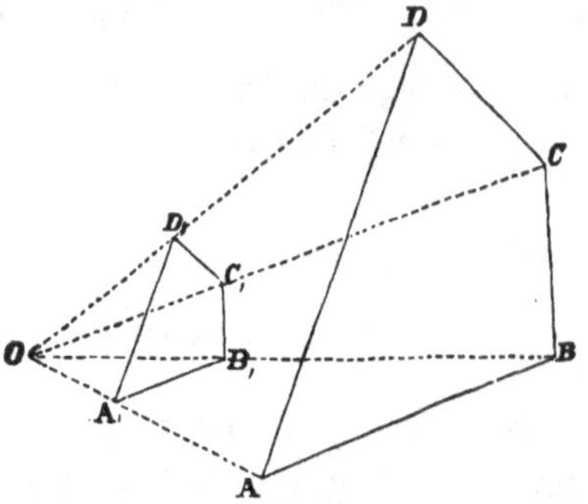


Beweis: Da der Winkel

$$\left.\begin{array}{l} OAD = OA_1D_1 \\ OAB = OA_1B_1 \end{array}\right\} (\text{§ } 26,\ 1),$$

so ist $\measuredangle\ BAD = B_1A_1D_1$.

**163.** Zwei Kreise sind in jeder Lage ähnlichliegend.

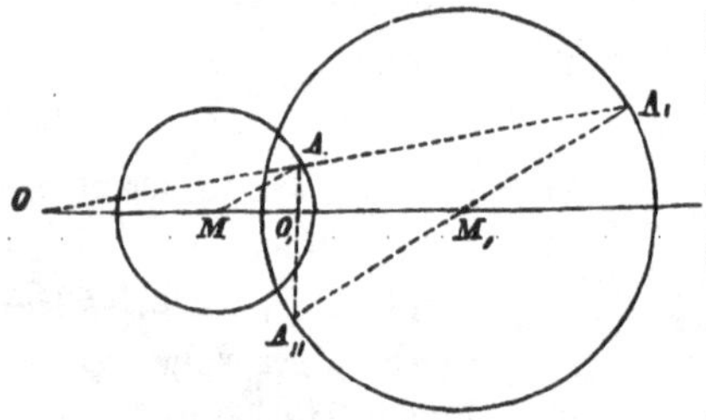


Beweis: Zieht man durch die Mittelpunkte $M$ und $M_1$ ein Paar paralleler Radien $MA$ und $M_1A_1$, so trifft die Gerade $AA_1$ die Gerade $MM_1$ in einem Punkt $O$ so, daß

$$\frac{OM}{OM_1} = \frac{MA}{M_1A_1}$$

ist (§ 152). Da das Verhältnis $\frac{MA}{MA_1}$ unveränderlich ist, behält auch $\frac{OM}{OM_1}$ für alle Lagen

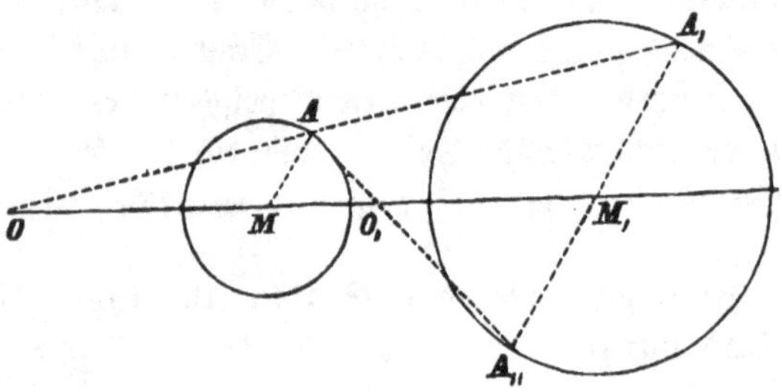


von je zwei parallelen Radien denselben Wert, d. h. der Punkt $O$ ist auf der Centrale $MM_1$ durch das Verhältnis der Radien bestimmt. Die Endpunkte jeden Paares paralleler Radien liegen also auf einer Geraden, welche durch $O$ geht. Und da $\frac{OA}{OA_1} = \frac{OM}{OM_1}$ ist, sind die Punkte $A$ und $A_1$ sich entsprechende Punkte und $O$ ist der Ähnlichkeitspunkt beider Kreise (§ 160).

Liegen die parallelen Radien $MA$ und $M_1A_1$ auf derselben Seite der Centrale $MM_1$, so ist $O$ der äußere, liegen sie auf verschiedenen Seiten der Centrale, so ist $O_1$ der innere Ähnlichkeitspunkt beider Kreise.

Die äußeren gemeinschaftlichen Tangenten zweier Kreise gehen durch den äußeren, die inneren durch den inneren Ähnlichkeitspunkt.

## Von den ähnlichen Figuren.

**164.** Ist eine Figur $A_{,,}B_{,,}C_{,,}D_{,,}\ldots$ ähnlichliegend $A_1B_1C_1D_1\ldots$ und kongruent der Figur $ABCD\ldots$, so nennt man die Figuren $A_1B_1C_1D_1\ldots$ und $ABCD\ldots$ einander ähnlich. Ähnliche Figuren sind im allgemeinen nicht mehr ähnlichliegend. Man nennt in ähnlichen Figuren solche Ecken, und Winkel sich entsprechend, welche, wenn die Figuren ähnlich gelegt werden, sich entsprechen.

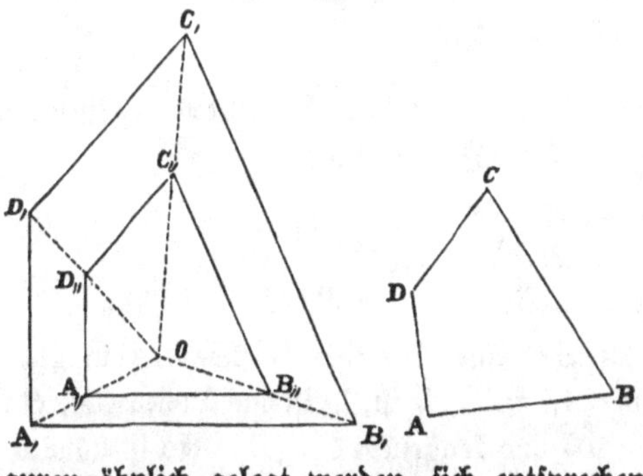


**165.** In ähnlichen Figuren haben die sich entsprechenden Strecken dasselbe Verhältnis und die sich entsprechenden Winkel dieselbe Größe.

Beweis: Ähnliche Figuren haben abgesehen von der gegenseitigen Lage dieselben Eigenschaften, welche den ähnlichliegenden Figuren zukommen.

**166.** Dreiecke sind ähnlich, wenn sie übereinstimmen im Verhältnis zweier Seiten und in der Größe des eingeschlossenen Winkels.

Vorauss.: 1. $\frac{CA}{CB} = \frac{C_1A_1}{C_1B_1}$,

2. $\measuredangle C = \measuredangle C_1$.

Behaupt.: $\triangle ABC \sim \triangle A_1B_1C_1$.

Beweis: Legt man zu $AB$ eine Parallele, welche $CA$ in $A_{\prime\prime}$ und $CB$ in $B_{\prime\prime}$ so schneidet, daß $CA_{\prime\prime} = C_1A_1$ ist, so ist das Dreieck $CA_{\prime\prime}B_{\prime\prime}$ ähnlichliegend zu $CAB$ (§ 160) und kongruent zu $C_1A_1B_1$. Es ist nämlich

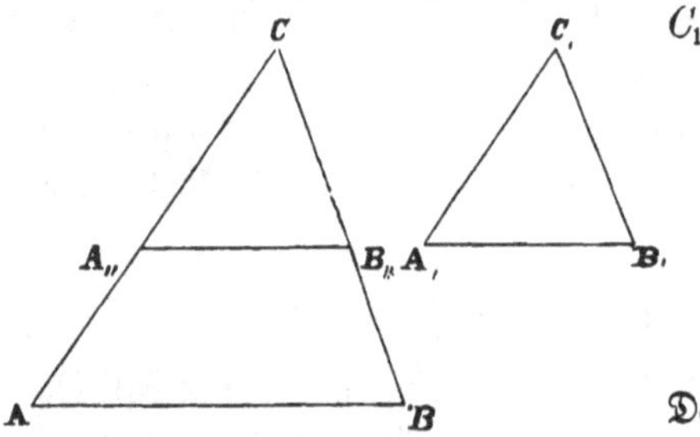


$$\frac{CA}{CB} = \frac{C_1A_1}{C_1B_1} \text{ und}$$

$$\frac{CA}{CB} = \frac{CA_{\prime\prime}}{CB_{\prime\prime}}, \text{ also}$$

$$\frac{C_1A_1}{C_1B_1} = \frac{CA_{\prime\prime}}{CB_{\prime\prime}}.$$

Da $C_1A_1 = CA_{\prime\prime}$ nach der Konstruktion; so ist auch $CB_{\prime\prime} = C_1B_1$. Ferner ist Winkel $C = C_1$. Es ist also das Dreieck $ABC \sim A_1B_1C_1$.

**167.** Dreiecke sind ähnlich, wenn sie übereinstimmen in der Größe zweier Winkel. Fig. § 166.

Vorauss.: 1. $\measuredangle A = \measuredangle A_1$

2. $\measuredangle C = \measuredangle C_1$.

Behaupt.: $\triangle ABC \sim \triangle A_1B_1C_1$.

Beweis: Legt man zu $AB$ eine Parallele, welche $CA$ in $A_{\prime\prime}$, $CB$ in $B_{\prime\prime}$ so schneidet, daß $CA_{\prime\prime} = C_1A_1$ ist, so ist das Dreieck $CA_{\prime\prime}B_{\prime\prime}$ zu $CAB$ ähnlichliegend (§ 150) und kongruent $C_1A_1B_1$. Es ist nämlich

$CA_{\prime\prime} = C_1A_1$ nach der Konstr.,

der $\measuredangle A_{\prime\prime} = A_1$, denn $A_{\prime\prime} = A$ (§ 26, 1).

der $\measuredangle C = C_1$

Es ist also das Dreieck $ABC \sim A_1B_1C_1$.

**168.** Dreiecke sind ähnlich, wenn sie übereinstimmen in dem Verhältnis dreier Seiten. Fig. § 166.

Vorauss.: $AB : BC : CA = A_1B_1 : B_1C_1 : C_1A_1$.

Behaupt.: $\triangle ABC \sim \triangle A_1B_1C_1$.

Beweis: Legt man zu $AB$ eine Parallele, welche $CA$ in $A_{\prime\prime}$, $CB$ in $B_{\prime\prime}$ so schneidet, daß $CA_{\prime\prime} = C_1A_1$ ist, so ist das Dreieck

$CA_{{,}{,}}B_{{,}{,}}$ zu $CAB$ ähnlichliegend (§ 160), und kongruent $C_1A_1B_1$. Es ist nämlich

$$AB : BC : CA = A_{{,}{,}}B_{{,}{,}} : B_{{,}{,}}C : CA_{{,}{,}} \text{ und}$$
$$AB : BC : CA = A_1B_1 : B_1C_1 : C_1A_1, \text{ so ist}$$
$$A_{{,}{,}}B_{{,}{,}} : B_{{,}{,}}C : CA_{{,}{,}} = A_1B_1 : B_1C_1 : C_1A_1, \text{ also ist, da}$$
$$CA_{{,}{,}} = C_1A_1 \text{ nach Konstruktion,}$$
$$B_{{,}{,}}C = B_1C_1 \text{ und}$$
$$A_{{,}{,}}B_{{,}{,}} = A_1B_1.$$

Es ist also das Dreieck $ABC \sim A_1B_1C_1$.

**169.** Dreiecke sind ähnlich, wenn sie übereinstimmen im Verhältnis zweier Seiten und in der Größe des Winkels, welcher der größeren von diesen Seiten gegenüberliegt.

Vorauss.: 1. $\frac{CA}{CB} = \frac{C_1A_1}{C_1B_1}$

2. $\measuredangle B = \measuredangle B_1$

3. $CA > CB$.

Behaupt.: $\triangle ABC \sim A_1B_1C_1$.

Beweis: Legt man zu $AB$ eine Parallele, welche $CA$ in $A_{{,}{,}}$, $CB$ in $B_{{,}{,}}$ so schneidet, daß $CA_{{,}{,}} = CA_1$ ist, so ist das Dreieck $CA_{{,}{,}}B_{{,}{,}}$ zu $CAB$ ähnlichliegend (§ 160), und kongruent $C_1A_1B_1$. Es ist nämlich

$$\frac{CA}{CB} = \frac{CA_{{,}{,}}}{CB_{{,}{,}}}$$
$$\frac{CA}{CB} = \frac{C_1A_1}{C_1B_1}, \text{ so ist}$$
$$\frac{CA_{{,}{,}}}{CB_{{,}{,}}} = \frac{C_1A_1}{C_1B_1}.$$

Da $CA_{{,}{,}} = C_1A_1$ nach Konstr., so ist auch $CB_{{,}{,}} = C_1B_1$. Ferner ist der Winkel $B = B_{{,}{,}}$ (§ 26, 1) und Winkel $B = B_1$ nach der Voraussetzung, also ist $B_{{,}{,}} = B_1$. Es ist also das Dreieck $ABC \sim A_1B_1C_1$.

**170.** Regelmäßige Figuren von gleicher Seitenzahl sind ähnlich.

Beweis: Sind $F$ und $F_2$ zwei regelmäßige n-Ecke, so kann man zu $F$ ein ähnlichliegendes n-Eck $F_1$ zeichnen, dessen eine Seite gleich einer Seite des n-Ecks $F_2$ ist, dann ist $F_1$ kongruent $F_2$, da beide Figuren gleiche Seiten und gleiche Winkel haben.

**171.** Die Höhe im rechtwinkligen Dreieck ist die mittlere Proportionale zwischen den Abschnitten der Hypotenuse.

Voraussf.: 1. $\measuredangle ACB = 1$ R.,
2. $\measuredangle CDA = 1$ R.

Behaupt.: $\frac{DC}{DA} = \frac{DB}{DC}$ oder $DC^2 = DA \cdot DB$.

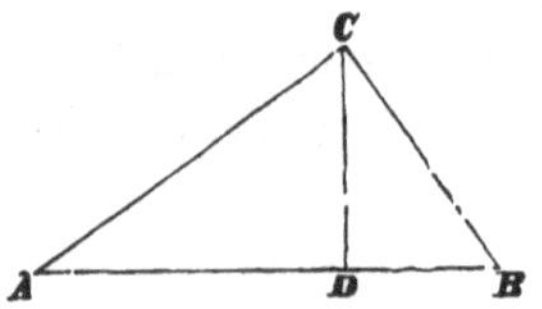

Beweis: Da der Winkel $CDA = BDC$ und Winkel $ACD = CBD$, denn ein jeder macht mit $BCD$ einen Rechten, so sind die Dreiecke $CDA$ und $BDC$ ähnlich (§ 167). Es ist also

$$\frac{DC}{DA} = \frac{DB}{DC} \text{ oder } DC^2 = DA \cdot DB.$$

**172.** Die Kathete ist die mittlere Proportionale zwischen ihrer Projektion und der Hypotenuse. Fig. § 171.

Voraussf.: 1. $\measuredangle ACB = 1$ R.,
2 $\measuredangle CDA = 1$ R.

Behaupt.: $\frac{AC}{AB} = \frac{AD}{AC}$ oder $AC^2 = AB \cdot AD$

Beweis: Da der Winkel $ACB = CDA$ ist, denn ein jeder ist ein Rechter, und der Winkel $CAB = DAC$ ist, so sind die Dreiecke $ACB$ und $CDA$ ähnlich (§ 167). Es ist also

$$\frac{AC}{AB} = \frac{AD}{AC} \text{ oder } AC^2 = AB \cdot AD.$$

Wie $AC^2 = AB \cdot AD$ ist, so ist auch
$BC^2 = BA \cdot BD$, also ist

$$AC^2 + BC^2 = AB \cdot AD + BA \cdot BD = AB\,(AD + DB)$$
$$= AB \cdot AB \text{ oder } AC^2 + BC^2 = AB^2.$$

**173.** Schneiden sich zwei Sehnen innerhalb des Kreises, so ist das Produkt der Abschnitte auf der einen Sehne gleich dem Produkt der Abschnitte auf der anderen.

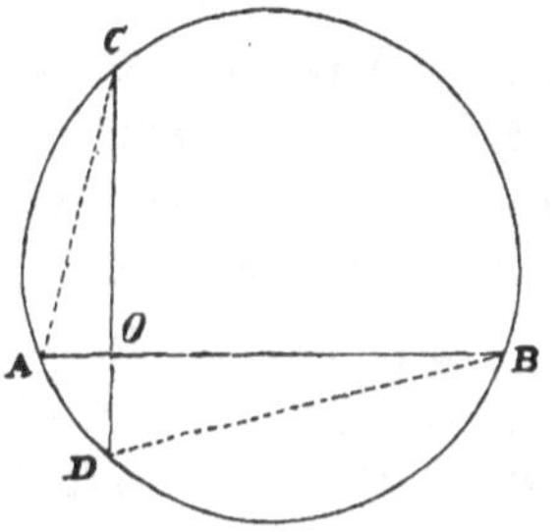


Vorauss.: Die Sehnen $AB$ und $CD$ schneiden sich in $O$.

Behaupt.: $OA \cdot OB = OC \cdot OD$.

Beweis: Zieht man $AC$ und $BD$, so ist das Dreieck $OAC$ ähnlich $ODB$ [$\measuredangle AOC = \measuredangle BOD$ (§ 16) und $\measuredangle ACO = \measuredangle DBO$ (§ 105)]. Also ist

$$\frac{OA}{OC} = \frac{OD}{OB}$$

oder $OA \cdot OB = OC \cdot OD$.

**174.** Schneiden sich zwei Sekanten eines Kreises, so ist das Produkt aus der einen Sekante und ihrem äußeren Abschnitte gleich dem Produkt aus der anderen Sekante und ihrem äußeren Abschnitt.

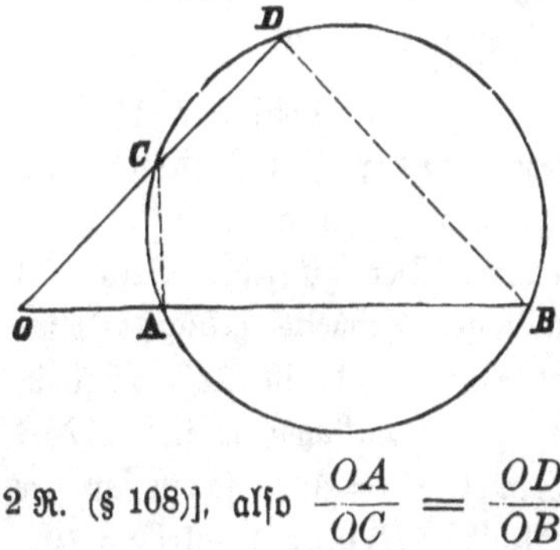


Vorauss.: Die verlängerten Sehnen $AB$ und $CD$ schneiden sich in $O$.

Behaupt.: $OA \cdot OB = OC \cdot OD$.

Beweis: Zieht man $AC$ und $BD$, so ist das Dreieck $OAC$ ähnlich $ODB$ [$\measuredangle AOC = \measuredangle DOB$ und $\measuredangle OAC = \measuredangle ODB$, da $CAB + CDB =$ 2 R. (§ 108)], also $\frac{OA}{OC} = \frac{OD}{OB}$ oder $OA \cdot OB = OC \cdot OD$.

**175.** Die Tangente ist mittlere Proportionale zwischen der Sekante und ihrem äußeren Abschnitt.

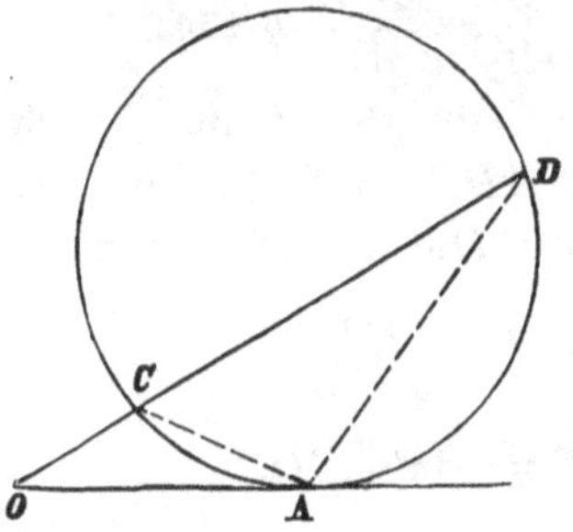


Vorauss.: $OA$ ist Tangente, und $OCD$ Sekante.

Behaupt.: $\frac{OA}{OC} = \frac{OD}{OA}$ oder

$$OA^2 = OC \cdot OD.$$

Beweis: Zieht man $AC$ und $AD$, so sind die Dreiecke $OAC$ und $ODA$ ähnlich [denn $\measuredangle OAC = \measuredangle ODA$ (§ 113) und $\measuredangle AOC = \measuredangle DOA$]. Daher ist

$$\frac{OA}{OC} = \frac{OD}{OA} \text{ oder } OA^2 = OC \cdot OD.$$

**176.** Ist die Tangente $OA$ gleich dem Durchmesser des Kreises und geht die Sekante $OD$ durch den Mittelpunkt, so ist $CD$ die mittlere Proportionale zwischen $OC$ und $OD$.

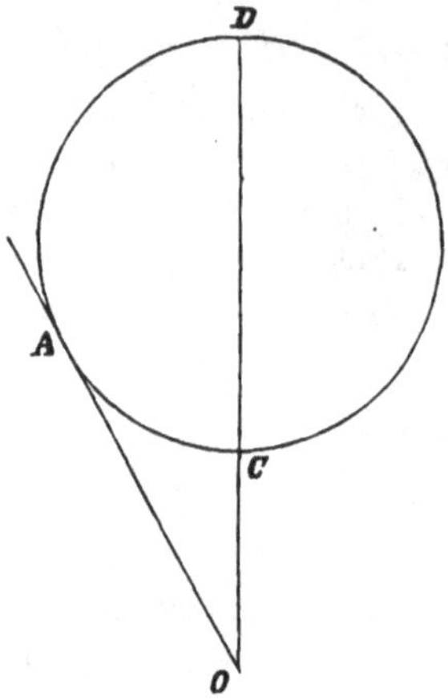


Beweis: Da $OA^2 = OC \cdot OD$ (§ 175) und $OA = CD$ ist, so ist $CD^2 = OC \cdot OD$. Die Strecke $OD$ wird durch $C$ in zwei Teile zerlegt, so daß der größere sich zum kleineren verhält, wie die ganze Strecke zum größeren Teile. Man sagt, die Strecke $OD$ ist stätig geteilt. Eine solche Teilung einer Strecke wird der goldene Schnitt genannt.

**177.** Die Seite des regelmäßigen Zehnecks ist die mittlere Proportionale zwischen dem großen Radius und der Differenz dieses Radius und der Zehnecksseite.

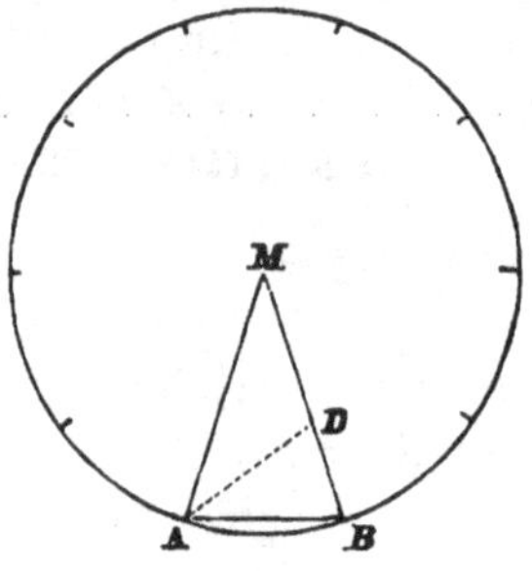


Beweis: Der zu jeder Seite des regelmäßigen Zehnecks gehörige Winkel am Mittelpunkt ist 36°. Ist in einem gleichschenkligen Dreieck $AMB$ der Winkel $M = 36°$, so ist an der Grundlinie $AB$ jeder Winkel $= 72°$. Trifft die Halbierungslinie des Winkels $A$ die Seite $CB$ in $D$, so ist

$$\frac{DM}{DB} = \frac{AM}{AB} \text{ (§ 154).}$$

Da aber der Winkel $DAM = DMA$ ist (ein jeder ist 36°), so ist $DM = DA$ (§ 45); und da der Winkel $ADB = ABD$, (ein jeder ist 72°), so ist $DA = AB$. Es ist also $DM = AB$, folglich

$$\frac{AB}{DB} = \frac{AM}{AB} \text{ oder, da } AM = BM \text{ ist,}$$

$$\frac{AB}{DB} = \frac{BM}{AB}, \text{ oder } AB^2 = BM \cdot BD.$$

## Von der Berechnung des Kreisumfanges.

**178.** Ist einem Kreise mit dem Radius $r$ ein regelmäßiges n=Eck, dessen Seite $e$ ist, eingeschrieben und ein regelmäßiges n=Eck, dessen Seite $u$ ist umgeschrieben, so ist

$$u = \frac{2re}{\sqrt{4r^2 - e^2}}.$$

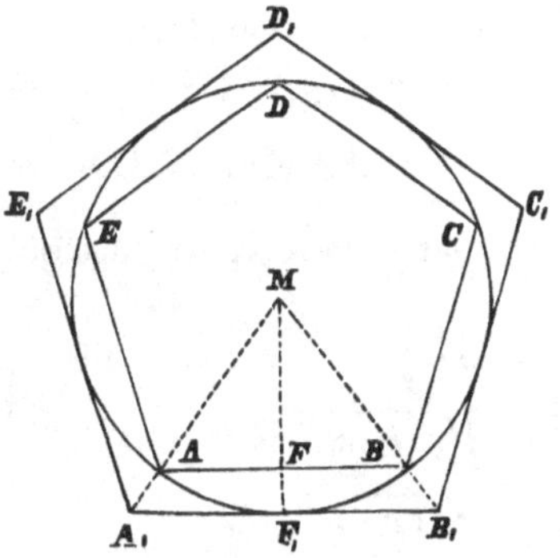


Beweis: Da

$$\frac{AB}{A_1B_1} = \frac{MF}{MF_1} \text{ (§ 161)}$$

und, wenn $AB = e$, $A_1B_1 = u_1$, $MF_1 = r$ gesetzt wird, und da $MF^2 = MA^2 - AF^2$ (§ 142) $= r^2 - \frac{1}{4}e^2 = \frac{4r^2 - e^2}{4}$ ist, so ist

$$\frac{e}{u} = \frac{\frac{1}{2}\sqrt{4r^2 - e^2}}{r} \text{ oder } u = \frac{2 \cdot e \cdot r}{\sqrt{4r^2 - e^2}}.$$

**179.** Ist einem Kreise eingeschrieben ein regelmäßiges n=Eck mit der Seite $e$, und ein regelmäßiges 2n=Eck mit der Seite $e_1$, und umgeschrieben ein regelmäßiges n=Eck mit der Seite $u$ und ein regelmäßiges 2n=Eck mit der Seite $u_1$, so ist

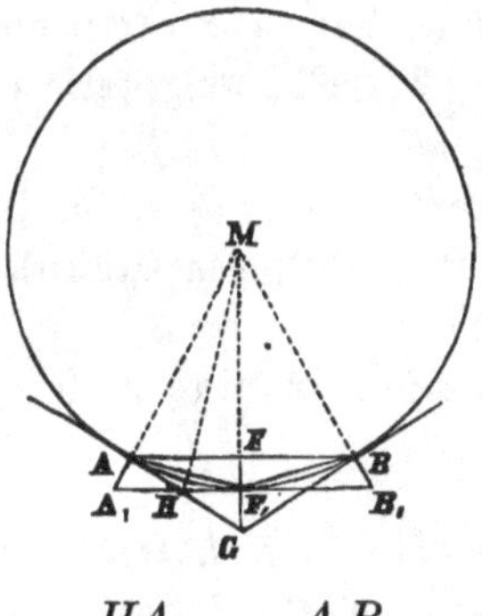


$$\text{I.} \quad u_1 = \frac{eu}{e+u} \text{ oder}$$

$$\frac{1}{u_1} = \frac{1}{u} + \frac{1}{e}.$$

$$\text{II.} \quad e_1 = \sqrt{\tfrac{1}{2}e \cdot u_1}.$$

Beweis I.: Da

$$\frac{HA_1}{HF_1} = \frac{MA_1}{MF_1} \text{ (§ 154) und}$$

$$\frac{MA_1}{MF_1} = \frac{MA_1}{MA} = \frac{A_1B_1}{AB} \text{ (§ 152),}$$

so ist $\frac{HA_1}{HF_1} = \frac{A_1B_1}{AB}$, also auch $\frac{HA_1 + HF_1}{HF_1} = \frac{A_1B_1 + AB}{AB}$.

Da $AB = e$, $A_1B_1 = u$, $HA_1 + HF_1 = \frac{1}{2}u$ und $HF_1 = \frac{1}{2}u_1$

ist, so ist $\frac{\frac{1}{2}u}{\frac{1}{2}u_1} = \frac{u+e}{e}$ oder $\frac{u}{u_1} = \frac{u+e}{e}$, also $u_1 = \frac{eu}{e+u}$

oder $\frac{1}{u_1} = \frac{e+u}{e \cdot u} = \frac{1}{u} + \frac{1}{e}$.

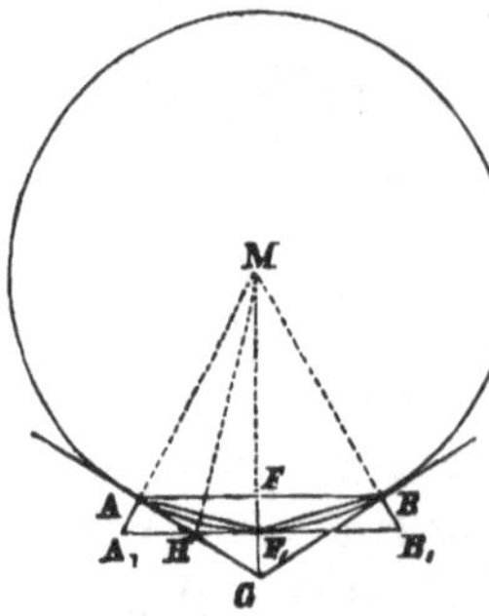


Beweis II.: Da das Dreieck $ABF_1 \sim AF_1H$ [$\measuredangle BAF_1 = \measuredangle AF_1H$ (§ 26,2) und $\measuredangle ABF_1 = F_1HA$ (§ 113)], so ist

$$\frac{AF_1}{AB} = \frac{AH}{AF_1} \text{ oder } AF_1^2 = AB \cdot AH$$

und wenn die obigen Werte eingesetzt werden

$$e_1^2 = e \cdot \tfrac{1}{2} u_1 = \tfrac{1}{2} e \cdot u_1, \text{ also}$$

$$e_1 = \sqrt{\tfrac{1}{2} e \cdot u_1} \text{ oder}$$

$$2e_1 = \sqrt{2e \cdot u}.$$

**180.** Der Umfang eines Kreises ist größer als das Dreifache und kleiner als das Vierfache des Durchmessers.

Beweis: Der Umfang des dem Kreise eingeschriebenen Sechsecks ist gleich dem Dreifachen des Durchmessers. Der Umfang des regelmäßigen Vierecks, welches dem Kreise umgeschrieben ist, ist gleich dem Vierfachen des Durchmessers. Der Umfang des Kreises ist aber größer als der des Sechsecks und kleiner als der des Vierecks.

**181.** Das Verhältnis der Länge des Kreisumfanges zum Durchmesser wird $\pi$ genannt. Als Näherungswerte sind berechnet worden

$\pi = 3\frac{1}{7}$ (von Archimedes),
$\pi = 3{,}1415926\ldots$ (von Ludolf van Ceulen),
$\pi = \frac{355}{113}$ (von Metius).

Der Umfang eines Kreises, dessen Radius $r$ ist, ist daher $2r\pi$.

**182.** Die Winkel am Mittelpunkt eines Kreises verhalten sich zu einander wie die ihnen zugehörigen Bogen.

Beweis: Sind $m$ und $n$ die ganzen Zahlen, durch welche bis auf eine ausreichende Genauigkeit sich das Verhältnis der Winkel

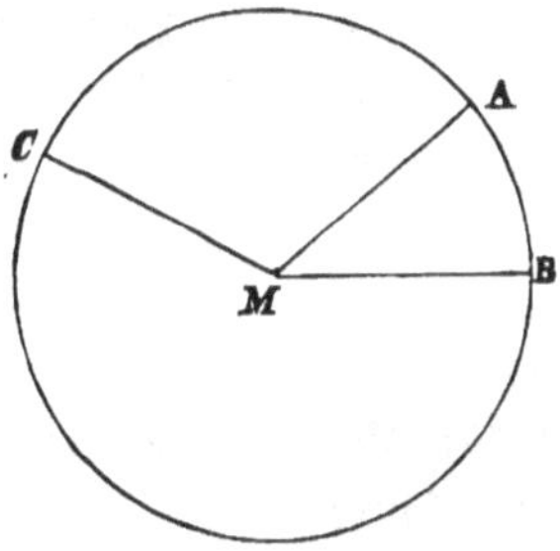


*AMB* und *AMC* ausdrücken läßt, so kann man den Winkel *AMB* in $m$, den Winkel *AMC* in $n$ gleiche Teile zerlegen. Da die Teilungslinien dieser Winkel die Kreisbogen *AB* und *AC* in gleiche Bogen (§ 21) zerlegen und zwar *AB* in $m_1$, *AC* in $n$ gleiche Bogen, so verhält sich

$$\frac{\widehat{AB}}{\widehat{AC}} = \frac{m}{n}, \text{ also ist}$$

$$\frac{\measuredangle AMB}{\measuredangle AMC} = \frac{\widehat{AB}}{\widehat{AC}}.$$

Ist daher der Winkel am Mittelpunkte eines Kreises, dessen Radius $r$ ist, $\alpha$ Grad, und der ihm gehörige Bogen *AB*, so ist

$$\frac{\alpha^0}{360^0} = \frac{\widehat{AB}}{2\, r\, \pi} \text{ also}$$

$$\alpha^0 = \frac{\widehat{AB}}{r\, \pi} \cdot 180^0 \text{ und}$$

$$\widehat{AB} = \frac{\alpha^0}{180^0} \cdot r\, \pi$$

## Vom Verhältnis der Flächenräume.

**183.** Wenn bei einem Rechteck *ABCD* die Seite *AB* $a$mal so groß ist als die Seite *BC*, so ist sein Flächenraum $a$mal so groß wie das Quadrat über *BC*.

Voraussſ.: $AB = a \cdot BC$.

Behaupt.: $\square ABCD = a \cdot BC^2$.

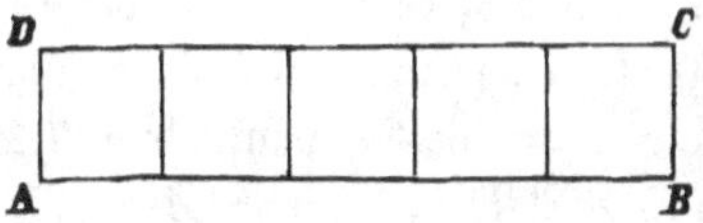


Beweis: Ist $a$ eine ganze Zahl, so kann man *AB* in $a$ Teile zerlegen, von denen jeder gleich *BC* ist. Zieht man durch jeden Teilpunkt eine Parallele zu *BC*, so erhält man $a$ Quadrate, von denen jedes gleich dem Quadrat über *BC* ist, also ist $ABCD = a \cdot BC^2$.

**184.** Wenn bei einem Rechteck $ABCD$ die Seite $AB = a \cdot m$, die Seite $BC = b \cdot m$ ist, so ist sein Flächenraum $a \cdot b$ mal so groß wie das Quadrat über $m$.

Vorauss.: 1. $AB = a \cdot m$,
2. $BC = b \cdot m$.

Behaupt.: $\square ABCD = a \cdot b \cdot m^2$.

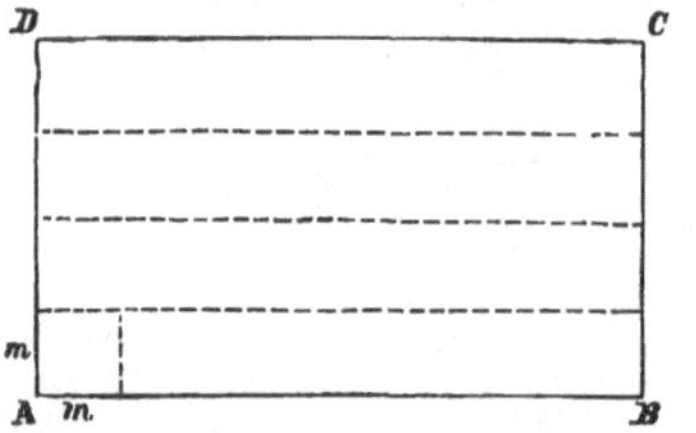


Beweis: Ist $m$ das gemeinsame Maß der Strecken $AB$ und $BC$ und $a$ und $b$ die entsprechenden Maßzahlen, so kann man $BC$ in $b$ gleiche Strecken zerlegen, von denen jede gleich $m$ ist. Legt man dann durch jeden Endpunkt dieser Strecken eine Parallele zu $AB$, so erhält man $b$ kongruente Rechtecke, von denen ein jedes die Seiten $AB$ und $m$ hat. Jedes dieser Rechtecke ist aber gleich $a \cdot m^2$ (§ 183), also ist das Rechteck $ABCD = b \cdot a \cdot m^2 = a \cdot b \cdot m^2$.

**185.** Die Flächenräume zweier Rechtecke von gleicher Grundlinie verhalten sich zu einander, wie ihre Höhen.

Vorauss.: 1. $AB = A_1B_1$

2. $\frac{BC}{B_1C_1} = \frac{b}{b_1}$.

Behaupt.: $\frac{\square ABCD}{\square A_1B_1C_1D_1} = \frac{b}{b_1}$.

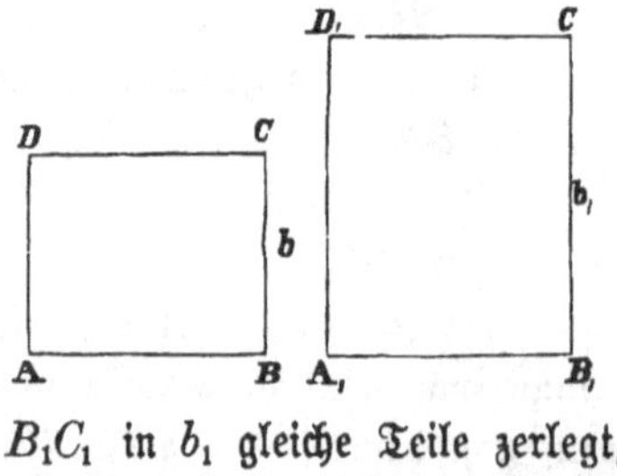


Beweis: Das Verhältnis $\frac{BC}{B_1C_1}$ läßt sich bis zu jeder beliebigen Genauigkeit durch zwei ganze Zahlen ausdrücken (§ 146), welche hier mit $b$ und $b_1$ bezeichnet sein mögen. Denkt man nun $BC$ in $b$ und $B_1C_1$ in $b_1$ gleiche Teile zerlegt, und durch die Teilpunkte Parallele zu $AB$ und zu $A_1B_1$ gelegt, so wird $ABCD$ in $b_1$, und $A_1B_1C_1D_1$ in $b_1$ Rechtecke von gleichem Flächenraum zerlegt. Es ist also

$$\frac{\square ABCD}{\square A_1B_1C_1D_1} = \frac{b}{b_1}.$$

**186.** Die Flächenräume zweier Rechtecke von gleicher Höhe verhalten sich zu einander, wie ihre Grundlinien.

Beweis: Nimmt man die gleichen Höhen als Grundlinien der Rechtecke an, so folgt die Behauptung aus § 185.

**187.** Die Flächenräume zweier Rechtecke verhalten sich zu einander, wie die Produkte aus Grundlinie und Höhe.

Vorausſ.: 1. $\frac{AB}{A_1B_1} = \frac{a}{a_1}$

2. $\frac{BC}{B_1C_1} = \frac{b}{b_1}$.

Behaupt.: $\frac{\square ABCD}{\square A_1B_1C_1D_1} = \frac{a \cdot b}{a_1 \cdot b_1}$.

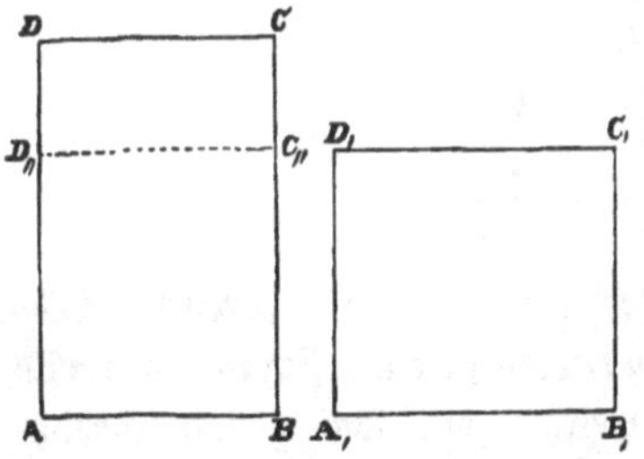


Beweis: Denkt man sich ein Rechteck $ABC_{11}D_{11}$, welches mit dem Rechteck $ABCD$ in der Grundlinie und mit $A_1B_1C_1D_1$ in der Höhe übereinstimmt, so hat man

$$\frac{\square ABCD}{\square ABC_{11}D_{11}} = \frac{b}{b_1} \text{ und}$$

$$\frac{\square ABC_{11}D_{11}}{\square A_1B_1C_1D_1} = \frac{a}{a_1}.$$

Durch Multiplikation der beiden Proportionen ergiebt sich

$$\frac{ABCD}{A_1B_1C_1D_1} = \frac{a \cdot b}{a_1 \cdot b_1}.$$

Als Maß der Flächenräume benutzt man ein Quadrat, dessen Seite die Längeneinheit ist. Den Inhalt einer Figur berechnen, heißt angeben, wie oft das Quadrat der Längeneinheit in derselben enthalten ist.

**188.** Der Inhalt eines Rechtecks ist gleich dem Produkt zweier anstoßenden Seiten.

$$J = a \cdot b.$$

Beweis: Sind $a$ und $b$ die Maßzahlen zweier anstoßenden Seiten, so findet man, wenn $Q$ das Quadrat der Maßeinheit ist

$$\frac{ABCD}{Q} = \frac{a \cdot b}{1 \cdot 1}, \text{ alſo } J = a \cdot b.$$

**189.** Der Inhalt eines Parallelogramms ist gleich dem Produkt aus Grundlinie und Höhe.

Vorauss.: 1. $AB = a$

2. $FE = h$.

Behaupt.: $J = a\,h$.

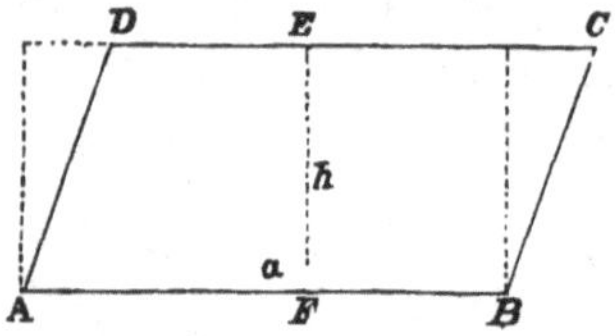

Beweis: Da das Parallelogramm $ABCD$ an Flächenraum gleich einem Rechteck ist, welches $AB$ als Grundlinie und mit ihm gleiche Höhe hat, und der Inhalt dieses Rechtecks gleich $a \cdot h$ ist (§ 188), so ist für das Parallelogramm $J = ah$.

**190.** Der Inhalt eines Dreiecks ist gleich dem halben Produkt aus Grundlinie und Höhe.

Vorauss.: 1. $AB = a$

2. $CD = h$.

Behaupt.: $J = \frac{a \cdot h}{2}$.

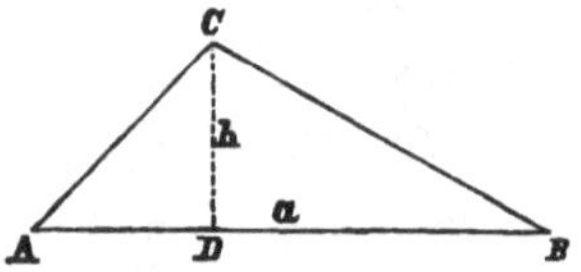

Beweis: Da das Dreieck $ABC$ gleich der Hälfte eines Parallelogramms ist, welches mit ihm gleiche Grundlinie und Höhe hat, und der Inhalt dieses Parallelogramms gleich $a \cdot h$ (§ 189) ist, so ist für das Dreieck

$$J = \frac{a \cdot h}{2}.$$

**191.** Der Inhalt einer Figur, welche einem Kreise umgeschrieben ist, ist gleich dem halben Produkt des Radius mit dem Umfange derselben.

Beweis: Da der Flächenraum der umgeschriebenen Figur gleich dem eines Dreiecks ist, dessen Höhe gleich dem Radius des Kreises, und dessen Grundlinie gleich dem Umfange der Figur ist (§ 133), so findet man, wenn $\varrho$ die Länge des Radius, und $S$ die des halben Umfangs bezeichnet, $J = \varrho \cdot S$.

**192.** Der Inhalt eines Trapezes ist gleich dem Produkt der Höhe und der halben Summe der parallelen Seiten.

Vorausſ.: 1. $AB = a$
2. $CD = b$
3. $EF = h$.

Behaupt.: $J = \frac{(a+b)\cdot h}{2}$.

Beweis: Da das Trapez $ABCD$ an Flächenraum gleich iſt dem Flächenraum eines Dreiecks, welches mit ihm gleiche Höhe und als Grundlinie die Summe der parallelen Seiten des Trapezes hat, ſo iſt $J = \frac{(a+b)\cdot h}{2}$.

**193.** Der Inhalt eines Kreiſes iſt gleich dem Produkt des Quadrats des Radius und der Zahl $\pi$.

Beweis: Betrachtet man den Kreis als eine ihm ſelbſt umgeſchriebene Figur, und bezeichnet $r$ die Länge des Radius, ſo iſt der halbe Umfang desſelben $r\pi$ (§ 181), alſo ſein Inhalt

$$J = r \cdot r\pi = r^2\pi.$$

**194.** Die Flächenräume zweier Kreisausſchnitte eines Kreiſes verhalten ſich zu einander, wie ihre Winkel am Mittelpunkte, alſo auch wie ihre Bogen.

Vorausſ.: $\frac{\measuredangle AMB}{\measuredangle AMC} = \frac{m}{n}$.

Behaupt.: $\frac{\text{Sect. } AMB}{\text{Sect. } AMC} = \frac{\measuredangle AMB}{\measuredangle AMC}$.

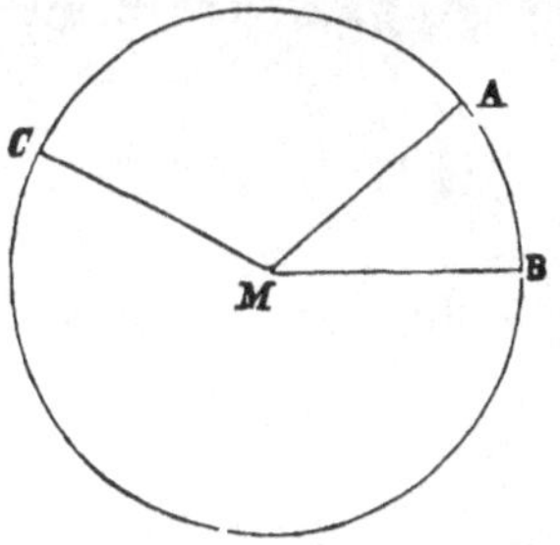


Beweis: Sind $m$ und $n$ ganze Zahlen, ſo kann man den Winkel $AMB$ in $m$, $AMC$ in $n$ gleiche Teile zerlegen, alſo auch den Ausſchnitt $AMB$ in $m$ und $AMC$ in $n$ unter ſich gleiche Ausſchnitte. Es iſt daher

$$\frac{\text{Sect. } AMB}{\text{Sect. } AMC} = \frac{m}{n}, \text{ alſo}$$

$$\frac{\text{Sect. } AMB}{\text{Sect. } AMC} = \frac{\measuredangle AMB}{\measuredangle AMC}.$$

**195.** Ist der Winkel am Mittelpunkte eines Kreises, dessen Radius $r$ ist, $\alpha$ Grad, so ist der Inhalt des ihm zugehörigen Kreisausschnitts

$$J = \frac{\alpha^0}{360^0} r^2 \pi.$$

Beweis: Da der Flächenraum des Kreisausschnitts sich zu dem des Kreises verhält, wie $\alpha$ Grad zu 360 Grad, so hat man

$$\frac{\text{Sect.}}{r^2\pi} = \frac{\alpha^0}{360^0}.$$

Man findet also für den Inhalt des Kreisausschnitts

$$J = \frac{\alpha^0}{360^0} r^2 \pi.$$

**196.** Die Inhalte zweier Dreiecke, welche in der Größe eines Winkels übereinstimmen, verhalten sich zu einander wie die Produkte der Seiten, welche jenen Winkel einschließen.

Vorauss.: $\measuredangle A = \measuredangle A_1$.

Behaupt.: $\dfrac{\triangle ABC}{\triangle A_1B_1C_1} = \dfrac{AB \cdot AC}{A_1B_1 \cdot A_1C_1}$.

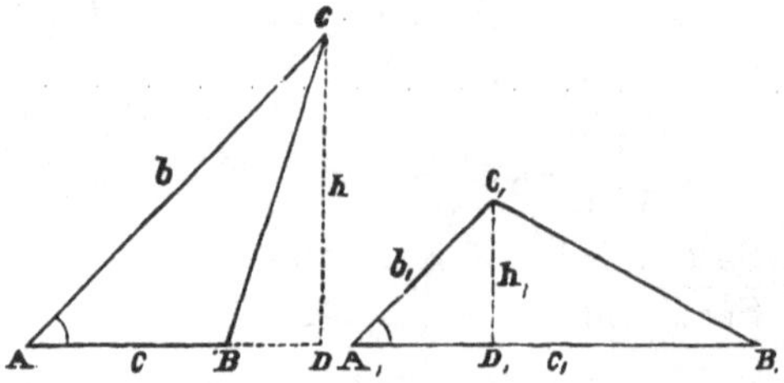


Beweis: Bezeichnet man die Maßzahlen der Seiten, welche den Winkeln $B$ und $C$, sowie $B_1$ und $C_1$ gegenüberliegen mit $b$, $c$ und $b_1$, $c_1$, und die Höhen $CD$ und $C_1D_1$ mit $h$ und $h_1$, so ist

$$\triangle ABC = \frac{h \cdot c}{2}, \text{ (§ 190)}$$

$$\triangle A_1B_1C_1 = \frac{h_1 c_1}{2}, \text{ also}$$

$$\frac{\triangle ABC}{\triangle A_1B_1C_1} = \frac{h \cdot c}{h_1 \cdot c_1}.$$

Da aber $\dfrac{h}{h_1} = \dfrac{b}{b_1}$ ist, denn das Dreieck $ADC \sim A_1D_1C_1$ [$\measuredangle A = \measuredangle A_1$, $\measuredangle ADC = \measuredangle A_1D_1C_1$], so ist $\dfrac{\triangle ABC}{\triangle A_1B_1C_1} = \dfrac{b \cdot c}{b_1 \cdot c_1}$.

**197.** Die Inhalte ähnlicher Dreiecke verhalten sich zu einander wie die Quadrate sich entsprechender Seiten.

Voraussf.: $\triangle ABC \sim A_1B_1C_1$.

Behaupt.: $\dfrac{\triangle ABC}{\triangle A_1B_1C_1} = \dfrac{AB^2}{A_1B_1^2}$.

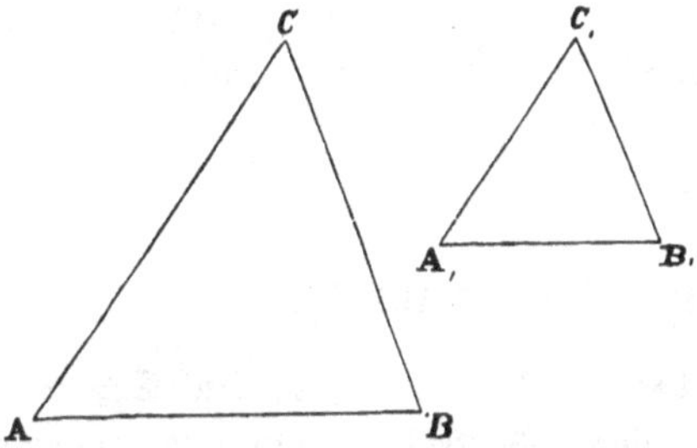


Beweis: Sind die Maßzahlen der Seiten mit $a, b, c$ und $a_1, b_1, c_1$ bezeichnet, so ist $\dfrac{\triangle ABC}{\triangle A_1B_1C_1} = \dfrac{b \cdot c}{b_1 \cdot c_1}$ (§ 196). Da aber $\dfrac{a}{a_1} = \dfrac{b}{b_1} = \dfrac{c}{c_1}$ ist infolge der Voraussetzung, so ist

$$\frac{\triangle ABC}{\triangle A_1B_1C_1} = \frac{a^2}{a_1^2}.$$

**198.** Die Inhalte ähnlicher Figuren verhalten sich zu einander wie die Quadrate sich entsprechender Seiten.

Beweis: Zerlegt man die ähnlichen Figuren durch sich entsprechende Diagonalen in Dreiecke, so sind die sich entsprechenden Dreiecke einander ähnlich. Die sich entsprechenden Seiten dieser Dreiecke haben aber dasselbe Verhältnis (§ 165), folglich haben die Flächenräume der sich entsprechenden Dreiecke, also auch ihre Summen, d. h. die Inhalte der ähnlichen Figuren dasselbe Verhältnis. Da die Inhalte der sich entsprechenden Dreiecke sich aber verhalten, wie die Quadrate sich entsprechender Seiten, so verhalten sich auch die Inhalte ähnlicher Figuren, wie die Quadrate sich entsprechender Seiten.

**199.** Die Inhalte von Kreisen verhalten sich zu einander wie die Quadrate ihrer Radien.

Beweis: § 163.

# Trigonometrie.

Die Trigonometrie hat die Aufgabe, aus der Größe der bestimmenden Stücke eines Dreiecks die Größe der übrigen Stücke desselben durch Rechnung zu finden.

## Vom Sinus eines Winkels.

**200.** Fällt man von den Punkten $B$, $C$, $D$ des Schenkels eines Winkels $A$ auf den anderen Schenkel die Senkrechten $BB_1$, $CC_1$, $DD_1$, so ist $\frac{BB_1}{BA} = \frac{CC_1}{CA} = \frac{DD_1}{DA}$ (§ 165). Das Verhältnis $\frac{BB_1}{BA}$ behält also für alle Punkte, welche auf den Schenkeln des Winkels $A$ liegen, denselben Wert und wird der **Sinus des Winkels** $A$ genannt. — Da $BB_1$ nicht größer als $BA$ sein kann (§ 149), so kann der Sinus eines Winkels nicht größer als 1 sein.

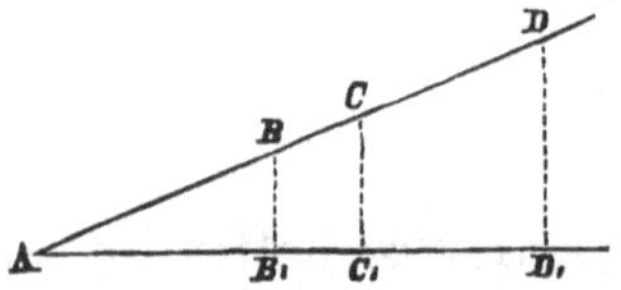


**201.** Im rechtwinkligen Dreieck ist das Verhältnis einer Kathete zur Hypotenuse der Sinus des Winkels, welcher der Kathete gegenüberliegt.

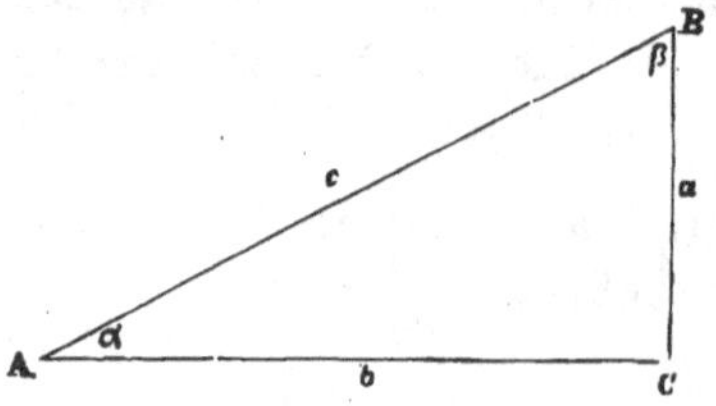


Beweis: Bedeuten $a$, $b$, $c$ die Maßzahlen der Seiten eines Dreiecks und $\alpha$, $\beta$, $\gamma$ die der Winkel, welche den Seiten gegenüberliegen, und nimmt man im rechtwinkligen Dreieck $c$ als Hypotenuse, so hat man

$$\sin\alpha = \frac{a}{c} \text{ oder } a = c \cdot \sin\alpha,$$

$$\sin\beta = \frac{b}{c} \text{ oder } b = c \cdot \sin\beta.$$

**202.** Wenn ein Winkel von 0° bis 90° zunimmt, so nimmt sein Sinus von 0 bis 1 zu.

Vorauss.: Der spitze $\measuredangle$ $CAD > BAD$.

Behaupt.: $\sin CAD > BAD$.

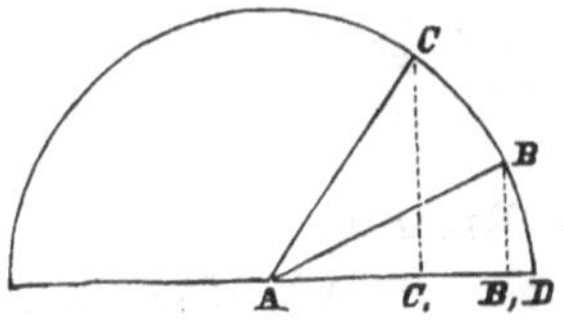


Beweis: Da

$$\sin CAD = \frac{CC_1}{CA},$$

$$\sin BAD = \frac{BB_1}{BA}$$

$CC_1 > BB_1$ (§ 100 u. 95), und $CA = BA$, so ist $\frac{CC_1}{CA} > \frac{BB_1}{BA}$, oder $\sin CAD > \sin BAD$.

Wenn der Winkel $BAD = 0^\circ$ ist, so ist $BB_1 = 0$, also $\frac{BB_1}{BA} = 0$, und $\sin 0^\circ = 0$.

Wenn der Winkel $BAD = 90^\circ$ ist, so ist $BB_1 = BA$, also $\frac{BB_1}{BA} = 1$, und $\sin 90^\circ = 1$.

**203.** Der Sinus eines Winkels ist gleich dem Sinus seines Nebenwinkels.

Formel: $\sin \alpha = \sin (180 - \alpha)$.

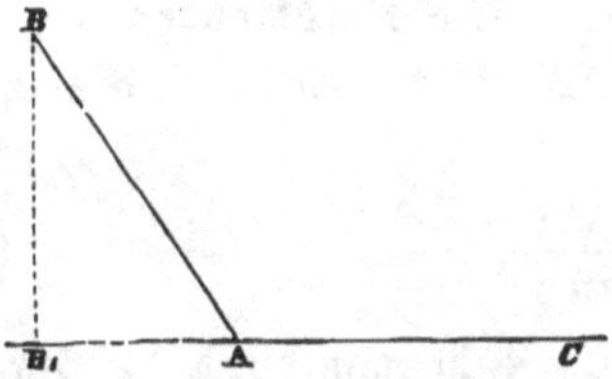


Beweis: Ist der Winkel $BAC$ ein stumpfer, so liegt die Senkrechte $BB_1$, welche von $B$ auf $AC$ gefällt wird, zwischen den Schenkeln des Nebenwinkels von $BAC$, es ist also $\frac{BB_1}{BA}$ sowohl der Sinus von $BAC$, als auch der von seinem Nebenwinkel.

Der Sinus eines stumpfen Winkels nimmt daher von 1 bis 0 ab, wenn der Winkel von 90° bis 180° zunimmt.

**204.** Die Seiten eines Dreiecks verhalten sich zu einander, wie die Sinus der ihnen gegenüberliegenden Winkel.

Formel: $\frac{a}{b} = \frac{\sin \alpha}{\sin \beta}$.

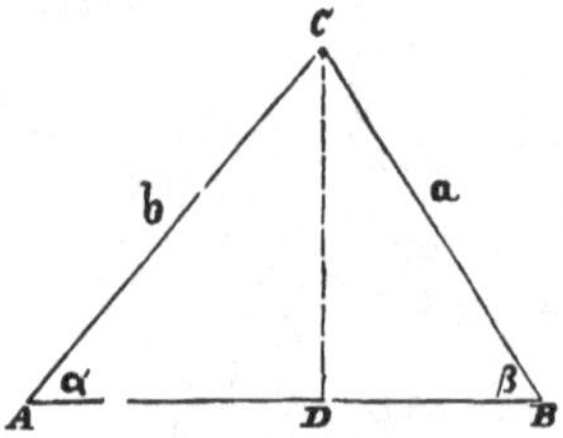


Beweis: Da im Dreieck $ABC$ die Höhe $CD$ sowohl gleich $b \cdot \sin \alpha$ (§ 201), als auch gleich $a \cdot \sin \beta$ ist, so ist $b \cdot \sin \alpha = a \cdot \sin \beta$, oder

$$\frac{a}{b} = \frac{\sin \alpha}{\sin \beta}.$$

**205.** Der Flächenraum eines Dreiecks ist gleich dem halben Produkt zweier Seiten mit dem Sinus des Winkels, welcher von diesen Seiten eingeschlossen ist.

Formel: $\triangle ABC = \frac{b \cdot c \cdot \sin \alpha}{2}$.

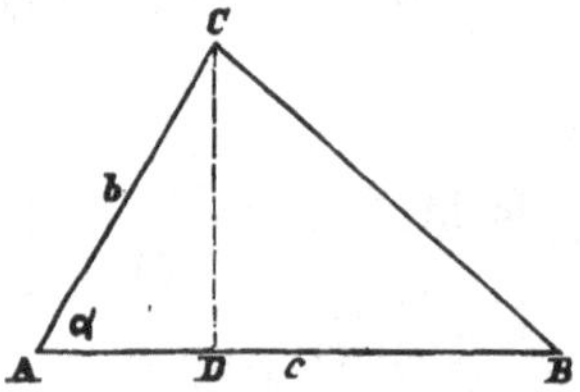


Beweis: Fällt man von der Spitze $C$ die Höhe $CD$ auf $AB$, so ist der Flächenraum des Dreiecks $ABC$ gleich $\frac{AB \cdot CD}{2}$ (§ 190). Da aber $AB = c$, und $CD = b \cdot \sin \alpha$ ist, so findet man

$$\triangle ABC = \frac{b \cdot c \cdot \sin \alpha}{2}.$$

**206.** Der Durchmesser des Kreises, welcher einem Dreieck umgeschrieben ist, ist gleich dem Quotienten aus einer Seite und dem Sinus des Winkels, welcher dieser Seite gegenüberliegt.

Formel: $d = \frac{c}{\sin \gamma}$.

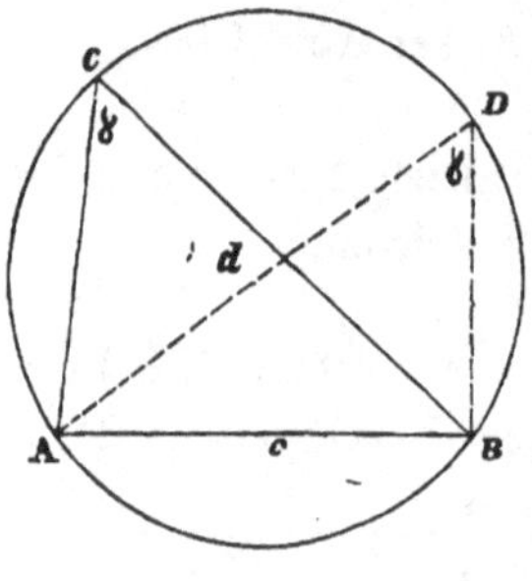


Beweis: Zieht man durch die Ecke $A$ den Durchmesser $AD$ des dem Dreieck $ABC$ umgeschriebenen Kreises, so ist der Winkel $ADB = ACB$ (§ 105). Da nach § 103 der Winkel $ABD = 1$ R. ist, so ist

$$AB = AD \sin ADB \text{ oder}$$

$$c = d \cdot \sin \gamma, \text{ also}$$

$$d = \frac{c}{\sin \gamma}.$$

## Vom Cosinus eines Winkels.

**207.** Fällt man von den Punkten $B, C, D$ des Schenkels eines Winkels $A$ auf den anderen Schenkel die Senkrechten $BB_1$, $CC_1$, $DD_1$, so ist

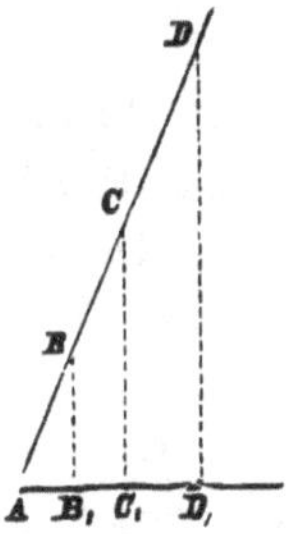


$$\frac{B_1A}{BA} = \frac{C_1A}{CA} = \frac{D_1A}{DA} \text{ (§ 165).}$$

Das Verhältnis $\frac{B_1A}{BA}$ behält also für alle Punkte, welche auf den Schenkeln des Winkels $A$ liegen, denselben Wert und wird der **Cosinus** des **Winkels** $A$ genannt. Da $B_1A$ nicht größer als $BA$ sein kann (§ 48), so kann der Cosinus eines Winkels nicht größer als 1 sein.

**208.** Im rechtwinkligen Dreieck ist das Verhältnis einer Kathete zur Hypotenuse der Cosinus des Winkels, welcher der Kathete anliegt.

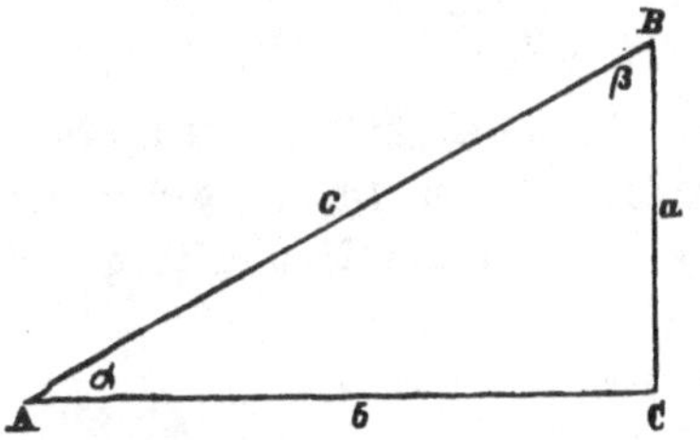


Beweis: Es ist nach § 207

$\cos\alpha = \frac{b}{c}$, und $b = c \cdot \cos\alpha$

$\cos\beta = \frac{a}{c}$, und $a = c \cdot \cos\beta$.

**209.** Wenn ein Winkel von $0^\circ$ bis $90^\circ$ zunimmt, so nimmt sein Cosinus von 1 bis 0 ab.

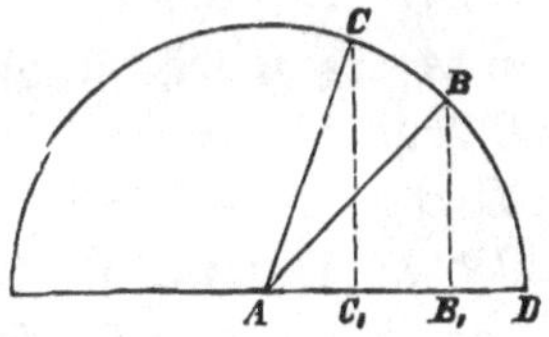


Vorausſ.: $\angle CAD > BAD$

Behaupt.: $\cos CAD < \cos BAD$.

Beweis: Da $\cos CAD = \frac{AC_1}{AC}$, $\cos BAD = \frac{AB_1}{AB}$, $AC_1 < AB_1$ (§ 100) und $AC = AB$ (§ 117), so ist $\frac{AC_1}{AC} < \frac{AB_1}{AB}$, also $\cos CAD < BAD$.

Wenn der Winkel $BAD = 0^\circ$ ist, so ist $AB_1 = AD$, also $\frac{AB_1}{AB} = 1$, oder $\cos 0 = 1$.

Wenn der Winkel $BAD = 90^\circ$ ist, so ist $AB_1 = 0$, also $\frac{AB_1}{AB} = 0$, oder $\cos 90^\circ = 0$.

**210.** Der Cosinus eines Winkels ist gleich dem negativen Wert des Cosinus seines Nebenwinkels.

Formel: $\cos \alpha = - \cos (180 - \alpha)$

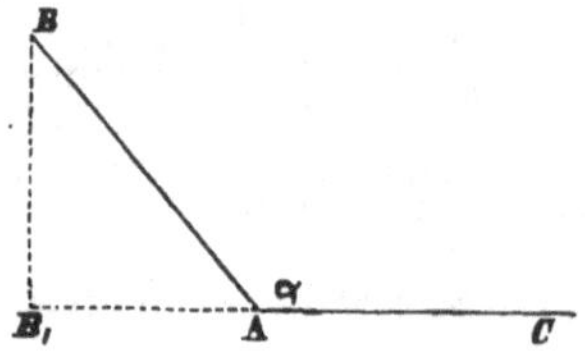


Beweis:

Ist der Winkel $BAC$ ein stumpfer, so liegt $B_1$ auf der Verlängerung des Schenkels $CA$. Die Strecke $AB_1$ wird im Gegensatz zu den Strecken auf $AC$ negativ gesetzt. Der Cosinus des stumpfen Winkels $BAC$ ist also $\frac{-AB_1}{AB} = -\frac{AB_1}{AB}$.

Ist der Winkel $BAC$ ein stumpfer, so ist sein Cosinus $-\frac{AB_1}{AB}$. Da $\frac{AB_1}{AB}$ aber der Cosinus des Winkels $BAB_1$ ist, so ist der Cosinus des Winkels $BAC$ gleich dem negativen Cosinus seines Nebenwinkels.

**211.** Multipliziert man jede von zwei Seiten eines Dreiecks mit dem Cosinus des Winkels, welchen sie mit der dritten Seite bilden, so ist die Summe der Produkte gleich der dritten Seite.

Formel: $a \cdot \cos \beta + b \cdot \cos \alpha = c.$

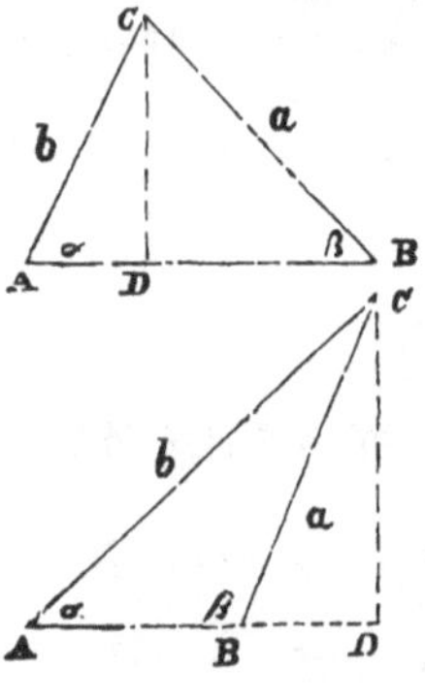


Beweis: Fällt man von $C$ eine Senkrechte $CD$ auf $AB$, so ist
$AD = AC \cdot \cos CAB$ u. $BD = BC \cdot \cos CBA$.
Sind die Winkel bei $A$ und $B$ spitz, so ist $AD + DB = AB$, also ist
$AC \cdot \cos CAB + CB \cdot \cos CBA = AB$. — Ist der Winkel $CBA$ ein stumpfer, so ist $AD - BD = AB$, in diesem Falle ist $- BD = BC \cdot \cos CBA$ (§ 210), also
$AC \cdot \cos CAB + BC \cdot \cos CBA = AB$.

**212.** Das Quadrat einer Dreiecksseite ist gleich der Summe der Quadrate der beiden anderen Seiten, vermindert um das doppelte Produkt dieser Seiten mit dem Cosinus des Winkels, welchen sie einschließen.

Formel: $a^2 = b^2 + c^2 - 2\,bc \cdot \cos\alpha$.

Beweis: Fällt man von $C$ auf $AB$ die Senkrechte $CD$, so ist,

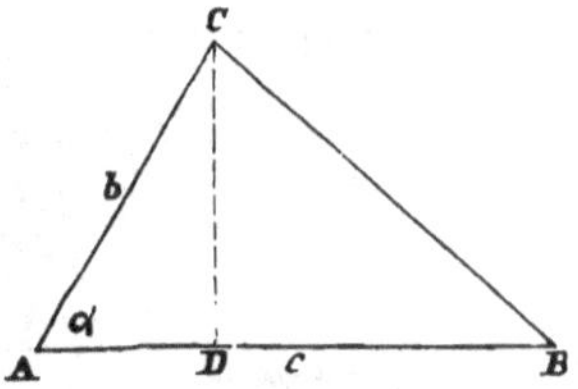


wenn $\alpha$ ein spitzer Winkel ist,
$$AD = b \cdot \cos\alpha,$$
wenn $\alpha$ ein stumpfer Winkel ist,
$$-AD = b \cdot \cos\alpha.$$
Nach § 143 ist dann im ersten Falle $a^2 = b^2 + c^2 - 2\,c \cdot b\cos\alpha$, im zweiten Falle nach § 144 $a^2 = b^2 + c^2 + 2\,c\,(-b \cdot \cos\alpha)$. Es ist also in beiden Fällen
$$a^2 = b^2 + c^2 - 2\,bc \cdot \cos\alpha.$$

## Beziehungen zwischen dem Sinus und Cosinus.

**213.** Der Sinus eines Winkels ist gleich dem Cosinus seines Komplements, und der Cosinus eines Winkels ist gleich dem Sinus seines Komplements.

Formel: $\sin\alpha = \cos(90 - \alpha)$,
$\cos\alpha = \sin(90 - \alpha)$.

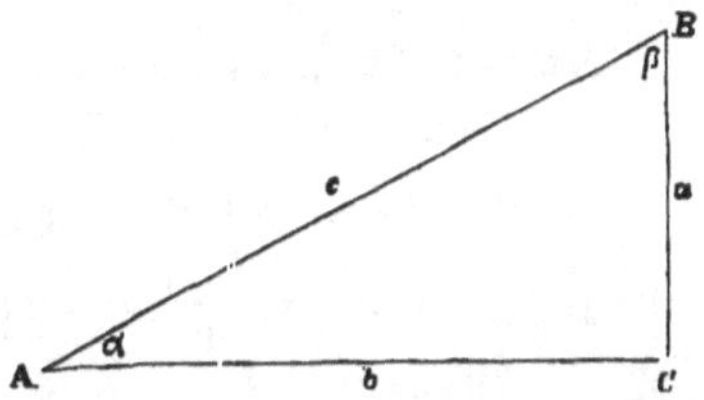


Beweis: Im rechtwinkligen Dreieck $ABC$ ist $\alpha = (90 - \beta)$ und $\beta = (90 - \alpha)$ (§ 40); ferner ist $\sin\alpha = \frac{BC}{AB}$, und $\cos\beta = \frac{BC}{AB}$; es ist also
$$\sin\alpha = \cos\beta, \text{ oder } \sin\alpha = \cos(90 - \alpha).$$
Ferner ist $\cos\alpha = \frac{AC}{AB}$ und $\sin\beta = \frac{AC}{AB}$; es ist also
$$\cos\alpha = \sin\beta \text{ oder } \cos\alpha = \sin(90 - \alpha).$$

**214.** Ist ein stumpfer Winkel gleich $(90 + \alpha)$, so ist sein Sinus gleich dem Cosinus von $\alpha$, sein Cosinus aber gleich dem negativen Sinus von $\alpha$. Fig. § 213.

Beweis: Der Nebenwinkel des Winkels $B$ ist nach § 42 gleich $(90 + \alpha)$, und der Nebenwinkel von $A$ gleich $(90 + \beta)$.

Es ist also
$$\left.\begin{aligned}\sin(90 + \alpha) &= \sin\beta = \cos\alpha \\ \cos(90 + \alpha) &= -\cos\beta = -\sin\alpha\end{aligned}\right\}\ (\S\ 213).$$

**215.** Die Summe des Quadrats des Sinus und des Quadrats des Cosinus eines Winkels ist gleich 1.

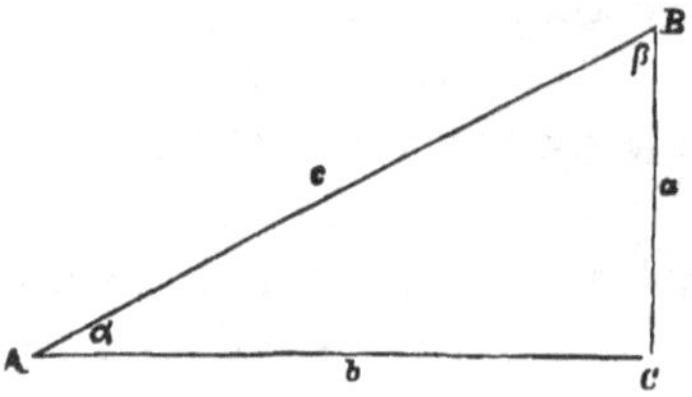


Formel: $\sin^2 \alpha + \cos^2 \alpha = 1.$

Beweis: Wenn der Winkel $\alpha$ ein spitzer ist, so ist $\sin \alpha = \frac{CB}{BA}$,

$$\cos \alpha = \frac{CA}{BA},$$

daher $\sin^2 \alpha + \cos^2 \alpha = \left(\frac{BC}{BA}\right)^2 + \left(\frac{CA}{BA}\right)^2.$

$$\left(\frac{CB}{BA}\right)^2 + \left(\frac{CA}{BA}\right)^2 = \frac{CB^2 + CA^2}{AB^2} = \frac{AB^2}{AB^2}\ (\S\ 142 = 1),$$

also ist $\sin^2 \alpha + \cos^2 \alpha = 1.$

**216.** Der Sinus eines Winkels ist gleich dem doppelten Produkt des Sinus und des Cosinus seines halben Winkels.

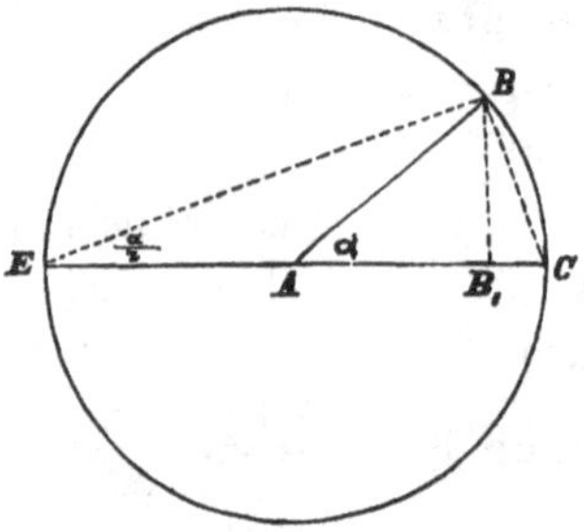


$$\sin \alpha = 2 \sin \frac{\alpha}{2} \cdot \cos \frac{\alpha}{2}.$$

Beweis: Macht man den Winkel $\alpha$ zum Centriwinkel eines Kreises, dessen Halbmesser gleich 1 gesetzt ist, so ist $\sin \alpha = \frac{BB_1}{1} = BB_1.$

Es ist aber $BB_1 = EB \cdot \sin \frac{\alpha}{2}$ (§ 102)

$$EB = EC \cdot \cos \frac{\alpha}{2} = 2 \cdot \cos \frac{\alpha}{2}.$$

Man findet also $\sin \alpha = 2 \cdot \sin \frac{\alpha}{2} \cdot \cos \frac{\alpha}{2}.$

**217.** Subtrahiert man von 1 den Cosinus eines Winkels, so erhält man das Doppelte vom Quadrat des Sinus des halben Winkels. Fig. § 216.

Formel: $1 - \cos \alpha = 2 \cdot \sin^2 \frac{\alpha}{2}.$

Beweis: Setzt man $AB = 1$, so ist, wenn $\alpha$ ein spitzer Winkel ist, $\cos\alpha = AB_1$

$$1 - \cos\alpha = B_1C$$

$$B_1C = BC \cdot \sin\frac{\alpha}{2}, \quad [\measuredangle B_1BC = \tfrac{1}{2}\measuredangle BAC],$$

$$BC = EC \cdot \sin BEC = EC \cdot \sin\frac{\alpha}{2} = 2 \cdot \sin\frac{\alpha}{2}, \text{ mithin}$$

$$1 - \cos\alpha = 2 \cdot \sin^2\frac{\alpha}{2}.$$

Ist $\alpha$ ein stumpfer Winkel (Fig. § 218), so ist

$$\cos\alpha = -AB_1 \text{ (§ 216) und } 1 - \cos\alpha = 1 + AB_1 = CB_1$$

$$CB_1 = CB \cdot \sin\frac{\alpha}{2} \quad [\measuredangle CBB_1 + \measuredangle EBB_1 = \measuredangle BEB_1 + \measuredangle EBB_1]$$

$$CB = EC \cdot \sin BEC = EC \cdot \sin\frac{\alpha}{2} = 2 \cdot \sin\frac{\alpha}{2}, \text{ mithin}$$

$$1 - \cos\alpha = 2 \cdot \sin^2\frac{\alpha}{2}.$$

**218.** Addiert man 1 zum Cosinus eines Winkels, so erhält man das Doppelte vom Quadrat des Cosinus des halben Winkels.

Formel: $1 + \cos\alpha = 2 \cdot \cos^2\frac{\alpha}{2}.$

Beweis: Setzt man $AB = 1$, so ist, wenn $\alpha$ ein spitzer Winkel ist (Fig. § 216), $\cos\alpha = AB_1$, $1 + \cos\alpha = EB_1$

$$EB_1 = EB \cdot \cos\frac{\alpha}{2}$$

$$EB = EC \cdot \cos BEC = 2 \cdot \cos\frac{\alpha}{2}. \text{ Es ist also}$$

$$EB_1 = 2 \cdot \cos\frac{\alpha}{2} \cdot \cos\frac{\alpha}{2} = 2 \cdot \cos^2\frac{\alpha}{2}.$$

Ist $\alpha$ stumpf (Fig. § 218), so ist $\cos\alpha = -AB_1$ (§ 210)

also $1 + \cos\alpha = EB_1$

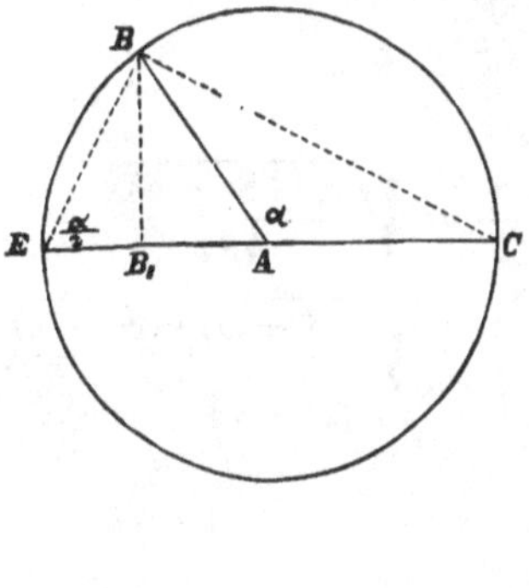


$$EB_1 = EB \cdot \cos\frac{\alpha}{2} \text{ (§ 208)}$$

$$EB = EC \cdot \cos\frac{\alpha}{2} = 2 \cdot \cos\frac{\alpha}{2},$$

also ist $EB_1 = 2 \cdot \cos^2\frac{\alpha}{2}$, mithin

$$1 + \cos\alpha = 2 \cdot \cos^2\frac{\alpha}{2}.$$

**219.** Mit Hülfe der Formeln $1 + \cos\alpha = 2\cos^2\frac{\alpha}{2}$ und

$$1 - \cos\alpha = 2\sin^2\frac{\alpha}{2}$$

lassen sich aus der Gleichung $a^2 = b^2 + c^2 - 2\,bc\cdot\cos\alpha$ (§ 212) Gleichungen ableiten, welche sich besonders für die logarithmische Berechnung eignen.

Aus $a^2 = b^2 + c^2 - 2\,bc\cdot\cos a$ folgt

$$\cos\alpha = \frac{b^2 + c^2 - a^2}{2\,bc}$$

$$1 + \cos a = 1 + \frac{b^2 + c^2 - a^2}{2\,bc}$$

$$= \frac{2\,bc + b^2 + c^2 - a^2}{2\,bc} = \frac{(b + c)^2 - a^2}{2\,bc}$$

$$= \frac{(b + c + a)\,(b + c - a)}{2\,bc},\ \text{also}$$

$$2\cos^2\frac{\alpha}{2} = \frac{(b + c + a)\,(b + c - a)}{2\,bc},\ \text{und}$$

$$1 - \cos\alpha = 1 - \frac{b^2 + c^2 - a^2}{2\,bc}$$

$$= \frac{2\,bc - b^2 - c^2 + a^2}{2\,bc} = \frac{a^2 - (b - c)^2}{2\,bc}$$

$$= \frac{(a + b - c)\,(a - b + c)}{2\,bc},\ \text{also}$$

$$2\sin^2\frac{\alpha}{2} = \frac{(a + b - c)\,(a - b + c)}{2\,bc}.$$

Setzt man $a + b + c = 2\,S$, so ist

$$(a + b - c) = 2\,(S - c)$$
$$(a - b + c) = 2\,(S - b)$$
$$(- a + b + c) = 2\,(S - a),$$

also erhält man

$$\cos^2\frac{\alpha}{2} = \frac{S\cdot(S - a)}{b\cdot c},\ \text{also}\ \cos\frac{\alpha}{2} = \sqrt{\frac{S\cdot(S - a)}{b\cdot c}}$$

$$\sin^2\frac{\alpha}{2} = \frac{(S - b)\cdot(S - c)}{b\cdot c},\ \text{also}\ \sin\frac{\alpha}{2} = \sqrt{\frac{(S - b)\cdot(S - c)}{b\cdot c}}.$$

## Von der Tangente eines Winkels.

**220.** Das Verhältnis zwischen dem Sinus und dem Cosinus eines Winkels nennt man die Tangente des Winkels;

$$\operatorname{tg} \alpha = \frac{\sin \alpha}{\cos \alpha}.$$

**221.** Im rechtwinkligen Dreieck ist die Tangente eines spitzen Winkels das Verhältnis der ihm gegenüberliegenden zu der ihm anliegenden Kathete.

Beweis: $\sin \alpha = \frac{a}{c}$, $\cos \alpha = \frac{b}{c}$, also

$$\operatorname{tg} \alpha = \frac{a}{c} : \frac{b}{c} = \frac{a}{b}.$$

**222.** Wenn ein Winkel von 0 bis 90° zunimmt, so nimmt seine Tangente zu von 0 bis $\infty$.

Vorauss.: $\measuredangle\ \alpha > \beta$, $\alpha$ und $\beta$ sind kleiner als 90°.

Behaupt.: $\operatorname{tg} \alpha > \operatorname{tg} \beta$.

Beweis: Da $\operatorname{tg} \alpha = \frac{\sin \alpha}{\cos \alpha}$ und

$$\operatorname{tg} \beta = \frac{\sin \beta}{\cos \beta},$$

aber $\sin \alpha > \sin \beta$ und $\cos \alpha < \cos \beta$, so ist $\operatorname{tg} \alpha > \operatorname{tg} \beta$.

$$\operatorname{tg}\ 0^\circ = \frac{0}{1} = 0$$

$$\operatorname{tg} 45^\circ = \frac{\sin 45^\circ}{\cos 45^\circ} = 1 \ (\S\ 213)$$

$$\operatorname{tg} 90^\circ = \frac{1}{0} = \infty.$$

**223.** Die Tangente eines Winkels ist gleich dem negativen Wert von der Tangente seines Nebenwinkels.

Beweis:

$$\operatorname{tg} \alpha = \frac{\sin \alpha}{\cos \alpha} = -\frac{\sin (180 - \alpha)}{\cos (180 - \alpha)} = -\operatorname{tg} (180 - \alpha).$$

**224.** In jedem Dreieck verhält sich die Summe zweier Seiten zu ihrer Differenz, wie die Tangente der halben Summe zur Tangente der halben Differenz der Winkel, welche jenen Seiten gegenüberliegen.

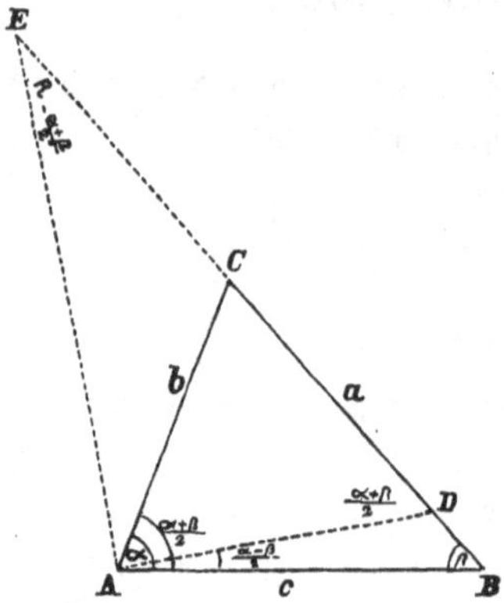

Beweis: Die Maßzahlen der Seiten eines Dreiecks sind $a$, $b$, $c$, die der Winkel $\alpha$, $\beta$, $\gamma$. Wenn man auf $CB$ die Punkte $D$ und $E$ so annimmt, daß $CA = CD = CE$ ist, so ist $EB = a + b$, $DB = a - b$,

und $\measuredangle\, CAD = \frac{\alpha + \beta}{2}$ [$ECA = \alpha + \beta$ (§ 42) u. $ECA = 2\, CDA$ (§ 44)]

$\measuredangle\, BAD = \frac{\alpha - \beta}{2} \left[DAB = \alpha - \frac{\alpha + \beta}{2} = \frac{\alpha - \beta}{2}\right]$

$\measuredangle\, EAD = 1$ R. [$CA = CD = CE$].

In dem Dreieck $ABD$ ist also

$$\frac{c}{a-b} = \frac{\sin\frac{\alpha+\beta}{2}}{\sin\frac{\alpha-\beta}{2}} \text{ (§ 204).}$$

In dem Dreieck $ABE$ ist

$$\frac{c}{a+b} = \frac{\sin\left(R - \frac{\alpha+\beta}{2}\right)}{\sin\left(R + \frac{\alpha-\beta}{2}\right)} = \frac{\cos\frac{\alpha+\beta}{2} \text{ (§ 213)}}{\cos\frac{\alpha-\beta}{2} \text{ (§ 214).}}$$

Durch Division ergiebt sich

$$\frac{a+b}{a-b} = \frac{\operatorname{tg}\frac{\alpha+\beta}{2}}{\operatorname{tg}\frac{\alpha-\beta}{2}} \text{ (§ 220).}$$

## Von der Cotangente eines Winkels.

**225.** Das Verhältnis des Cosinus eines Winkels zu seinem Sinus nennt man die Cotangente des Winkels.

$$\operatorname{cotg} \alpha = \frac{\cos \alpha}{\sin \alpha}.$$

**226.** Im rechtwinkligen Dreieck ist die Cotangente eines spitzen Winkels das Verhältnis der ihm anliegenden zu der ihm gegenüberliegenden Kathete.

Beweis:

$$\cos \alpha = \frac{b}{c}, \quad \sin \alpha = \frac{a}{c}, \text{ also } \operatorname{cotg} \alpha = \frac{b}{c} : \frac{a}{c} = \frac{b}{a}.$$

**227.** Wenn ein Winkel von 0 bis 90° zunimmt, so nimmt seine Cotangente ab von $\infty$ bis 0.

Voraussſ.: $\measuredangle \alpha > \beta$.

Behaupt.: $\operatorname{cotg} \alpha < \operatorname{cotg} \beta$.

Beweis: Da $\operatorname{cotg} \alpha = \frac{\cos \alpha}{\sin \alpha}$ und $\operatorname{cotg} \beta = \frac{\cos \beta}{\sin \beta}$, aber $\cos \alpha < \cos \beta$ (§ 209) und $\sin \alpha > \sin \beta$ ist (§ 202), so ist $\operatorname{cotg} \alpha < \operatorname{cotg} \beta$.

$$\operatorname{cotg} 0^\circ = \frac{\cos 0^\circ}{\sin 0^\circ} = \frac{1}{0} = \infty$$

$$\operatorname{cotg} 45^\circ = \frac{\cos 45^\circ}{\sin 45^\circ} = 1 \quad (\S\ 213)$$

$$\operatorname{cotg} 90^\circ = \frac{\cos 90^\circ}{\sin 90^\circ} = \frac{0}{1} = 0.$$

**228.** Die Cotangente eines stumpfen Winkels ist gleich dem negativen Wert der Cotangente seines Nebenwinkels.

Beweis:

$$\operatorname{cotg} \alpha = \frac{\cos \alpha}{\sin \alpha} = - \frac{\cos (180 - \alpha)}{\sin (180 - \alpha)} \quad (\S\ 210 \text{ und } \S\ 203),$$

$$\text{also } \operatorname{cotg} \alpha = - \operatorname{tg} (180 - \alpha).$$

**229.** Die Cotangente eines Winkels ist gleich der Tangente seines Komplements und umgekehrt.

$$\text{cotg}\ \alpha = \frac{\cos\alpha}{\sin\alpha} = \frac{\sin(90-\alpha)}{\cos(90-\alpha)}\ (\S\ 213),$$

$$\text{also}\ \text{cotg}\ \alpha = \text{tg}\ (90-\alpha).$$

$$\text{tg}\ \alpha = \frac{\sin\alpha}{\cos\alpha} = \frac{\cos(90-\alpha)}{\sin(90-\alpha)}\ (\S\ 213),$$

$$\text{also}\ \text{tg}\ \alpha = \text{cotg}\ (90-\alpha).$$

**230.** Das Produkt der Cotangente mit der Tangente eines Winkels ist gleich 1.

$$\text{cotg}\ \alpha = \frac{\cos\alpha}{\sin\alpha},\ \text{tg}\ \alpha = \frac{\sin\alpha}{\cos\alpha},\ \text{also}\ \text{cotg}\ \alpha \cdot \text{tg}\ \alpha = 1.$$

Buchdruckerei von Gustav Schade (Otto Francke) in Berlin N.

# VORWORT

Hiermit legt der PENSIONS-SICHERUNGS-VEREIN seinen Mitgliedern einen Abdruck seiner Satzung und der Allgemeinen Versicherungsbedingungen für Insolvenzsicherung der betrieblichen Altersversorgung (AIB) vor.

Die Sicherung von Ansprüchen und Anwartschaften aus der betrieblichen Altersversorgung gegen die Insolvenz eines Arbeitgebers zählt seit Jahren zu den sozialpolitischen Anliegen, deren Berechtigung im Grundsatz von den Betrieben stets anerkannt worden ist. Eine Lösung des Problems erwies sich indessen als schwierig und langwierig, weil es brauchbare Vorbilder für eine Insolvenzsicherung der betrieblichen Altersversorgung kaum gibt und wichtige statistische Grundlagen fehlen. Es bedurfte umfangreicher Untersuchungen und intensiver Beratungen der beteiligten Verbände der Arbeitgeber, der Versicherungswirtschaft, der Bundesregierung, der Arbeitsgemeinschaft für betriebliche Altersversorgung und des Bundesaufsichtsamtes für das Versicherungswesen, um die im Gesetz zur Verbesserung der betrieblichen Altersversorgung vom 19. 12. 1974 (BGBl I S. 3610) verankerte Insolvenzsicherung zu verwirklichen.

Der PENSIONS-SICHERUNGS-VEREIN, Versicherungsverein auf Gegenseitigkeit (PSVaG), ist eine aus freiwilliger Initiative und sozialer Verantwortung der Arbeitgeber erwachsene Selbsthilfeeinrichtung, die der Gesetzgeber zum Träger der Insolvenzsicherung bestimmt hat. Entsprechend dem Charakter der betrieblichen Altersversorgung ist er privatrechtlich organisiert.

Zweck des PENSIONS-SICHERUNGS-VEREINS ist die Gewährleistung der betrieblichen Altersversorgung für den Fall der Insolvenz eines Arbeitgebers nach den Vorschriften des Gesetzes zur Verbesserung der betrieblichen Altersversorgung. Der Bestimmung des Versicherungsverhältnisses auf der Grundlage des Gesetzes dienen die Allgemeinen Versicherungsbedingungen. Zweck und Organisation des PSVaG sind in der Satzung festgelegt.

Köln, im Januar 1975

**Zur Neufassung der Satzung und der Allgemeinen Versicherungsbedingungen für die Insolvenzsicherung der betrieblichen Altersversorgung (AIB).**

Die Erfahrungen der ersten vier Jahre nach Aufnahme des Geschäftsbetriebs haben in diesem neuen Versicherungszweig eine Reihe von Änderungen sowohl der Satzung als auch der AIB notwendig gemacht, die die Mitgliederversammlungen jeweils mit Zustimmung des Bundesaufsichtsamtes für das Versicherungswesen satzungsgemäß beschlossen haben. Der Aufsichtsrat hat daraufhin eine Neufassung der Satzung und der AIB beschlossen, die der PENSIONS-SICHERUNGS-VEREIN hiermit seinen Mitgliedern vorlegt. Aus Gründen der Praktikabilität sind die Satzung und die – häufiger benötigten – Allgemeinen Versicherungsbedingungen für die Insolvenzsicherung der betrieblichen Altersversorgung (AIB) getrennt gedruckt worden.

Köln, im September 1979

# PENSIONS-SICHERUNGS-VEREIN
Versicherungsverein auf Gegenseitigkeit

## Satzung

Oberländer Ufer 72, 5000 Köln 51, Postfach 510805

# Satzung

## für den
## PENSIONS-SICHERUNGS-VEREIN
## Versicherungsverein auf Gegenseitigkeit

---

## Erster Abschnitt
## Allgemeine Bestimmungen

### § 1

**Rechtsform, Name, Sitz**

(1) Das Unternehmen ist ein Versicherungsverein auf Gegenseitigkeit.

(2) Das Unternehmen führt den Namen „PENSIONS-SICHERUNGS-VEREIN Versicherungsverein auf Gegenseitigkeit" (im folgenden PSVaG genannt).

(3) Sitz des Unternehmens ist Köln.

### § 2

**Zweck des Unternehmens**

(1) Zweck des PSVaG ist die Gewährleistung der betrieblichen Altersversorgung für den Fall der Insolvenz eines Arbeitgebers nach den Vorschriften des Gesetzes zur Verbesserung der betrieblichen Altersversorgung vom 19. 12. 1974 BGBl I S. 3610 (BetrAVG) und nach den Allgemeinen Versicherungsbedingungen für die Insolvenzsicherung der betrieblichen Altersversorgung (AIB) in der jeweils gültigen, vom Bundesaufsichtsamt für das Versicherungswesen genehmigten Fassung.

(2) Der PSVaG überträgt die Versicherung und Abwicklung der übernommenen Renten nach Maßgabe eines Rahmenvertrages einem Konsortium von Lebensversicherern. Ist der Versorgungsberechtigte bei einer Pensionskasse versichert, so kann der PSVaG die Versicherung und Abwicklung auf Antrag dieser Pensionskasse übertragen.

(3) Der PSVaG bezweckt nicht die Erzielung von Gewinnen.

## § 3

### Mitgliedschaft

(1) Die Mitgliedschaft beginnt mit Abschluß der Versicherung. Die Versicherung ist abgeschlossen, wenn der PSVaG die Meldung einer sicherungspflichtigen betrieblichen Altersversorgung durch den Arbeitgeber annimmt.

(2) Die Mitgliedschaft endet mit dem Tag, seit dem bei dem Mitglied keine betriebliche Altersversorgung gemäß § 10 Abs. 1 BetrAVG mehr durchgeführt wird, oder an dem einer der in § 7 Abs. 1 BetrAVG aufgezählten Sicherungsfälle bei dem Mitglied eingetreten ist mit Ausnahme eines Fortsetzungsvergleichs oder einer Stundung oder Kürzung betrieblicher Versorgungsleistungen.

(3) Ausnahmsweise können Versicherungsverträge mit der Bestimmung abgeschlossen werden, daß die Versicherungsnehmer nicht Mitglieder werden oder bleiben.

## § 4

### Beiträge

Der PSVaG erhebt Beiträge nach den Vorschriften des Gesetzes zur Verbesserung der betrieblichen Altersversorgung. Der Beitrag ist ein Jahresbeitrag. Auf die Beiträge werden Vorschüsse erhoben. Nachschüsse werden nicht erhoben. Leistungskürzungen sind nur nach Maßgabe des Gesetzes zur Verbesserung der betrieblichen Altersversorgung zulässig.

## § 5

### Verlustrücklage, Ausgleichsfonds

(1) Zur Deckung eines außergewöhnlichen Verlustes aus dem Geschäftsbetrieb ist eine Rücklage zu bilden. Ihr sind in den ersten fünf Geschäftsjahren jährlich 1400000 DM und danach jährlich 600000 DM zuzuführen, bis sie zehn Millionen DM beträgt. Danach werden ihr jährlich 0,5 % der Verlustrücklage, mindestens jedoch 50000 DM, zugeführt.

(2) Darüber hinaus ist ein vom Bundesaufsichtsamt für das Versicherungswesen festgesetzter Ausgleichsfonds zu bilden. Er kann in einem vom Bundesaufsichtsamt für das Versicherungswesen zu genehmigenden Umfang zur Ermäßigung der Beiträge herangezogen werden, wenn die Vorschüsse zur Deckung der Aufwendungen nicht ausreichen.

## § 6

### Überschußverwendung

Der nach Auffüllung des in Anspruch genommenen Gründungsstocks sowie den Zuführungen zu der Verlustrücklage und dem Ausgleichsfonds verbleibende Überschuß eines Geschäftsjahres ist zur anteiligen Ermäßigung der Beiträge für das folgende Geschäftsjahr zu verwenden.

## § 7

### Vermögensanlage

Das Vermögen ist nach den gesetzlichen Vorschriften und den Richtlinien der Aufsichtsbehörde anzulegen.

## § 8

### Bekanntmachung, Geschäftsjahr

(1) Bekanntmachungen des PSVaG, die durch Gesetz oder Satzung vorgeschrieben sind, werden im „Bundesanzeiger" veröffentlicht.

(2) Geschäftsjahr ist das Kalenderjahr.

# Zweiter Abschnitt
# Gründungsstock

## § 9

### Gründungsstock, Garanten

(1) Der Gründungsstock beträgt zehn Millionen DM. Er ist von den Garanten voll eingezahlt.

(2) Die gezahlten Einlagen der Garanten werden mit 2 % über dem Diskontsatz der Deutschen Bundesbank verzinst. Die Garanten erhalten als solche keine Überschußbeteiligung.

(3) Die Garanten haften nicht für die Wiederauffüllung des Gründungsstocks und auch nicht über den Gründungsstock hinaus.

(4) Die Garanten erhalten gegen Einzahlung der gezeichneten Einlagen über Bruchteile am Gründungsstock lautende Namensanteilscheine. Die Anteilscheine können nur mit Zustimmung des Aufsichtsrates übertragen werden.

§ 10

**Tilgung des Gründungsstocks**

Die Tilgung des Gründungsstocks erfolgt durch Rückzahlung der Einlagen. Sie soll in den ersten fünf Jahren nach Beginn des Geschäftsbetriebs jährlich 1400000 DM und danach jährlich 600000 DM betragen. Sofern die Tilgungsbeträge in einem Jahr nicht ausgeschöpft werden können, darf die unterlassene Tilgung in den Folgejahren über die in Satz 2 genannten Beträge hinaus nachgeholt werden.

## Dritter Abschnitt

## Organe des PSVaG

## I. Vorstand

§ 11

**Geschäftsführung, Vertretung, Vorsitzender des Vorstandes, Zeichnung, Geschäftsordnung**

(1) Der Vorstand besteht aus mindestens zwei Personen.

(2) Der Vorstand leitet den PSVaG und vertritt ihn gerichtlich und außergerichtlich.

(3) Ein Vorstandsmitglied kann zum Vorsitzenden des Vorstandes bestellt werden.

(4) Der PSVaG wird durch zwei Vorstandsmitglieder gemeinschaftlich oder durch ein Vorstandsmitglied gemeinschaftlich mit einem Prokuristen vertreten.

(5) Der Vorstand gibt sich eine Geschäftsordnung, sofern nicht der Aufsichtsrat eine Geschäftsordnung für den Vorstand erläßt.

## II. Aufsichtsrat

§ 12

**Allgemeine Bestimmungen**

(1) Der Aufsichtsrat besteht aus zwölf Personen.

(2) Dem Aufsichtsrat müssen sechs von den Garanten benannte Personen angehören.

(3) Die von der Mitgliederversammlung zu wählenden Aufsichtsratsmitglieder dürfen nicht in einem anderweitigen Dienstverhältnis für den PSVaG tätig sein.

(4) Die von der Mitgliederversammlung zu wählenden Aufsichtsratsmitglieder werden für die Zeit bis zur Beendigung der Mitgliederversammlung bestellt, die über die Entlastung für das vierte Geschäftsjahr nach dem Beginn der Amtszeit beschließt. Das Geschäftsjahr, in dem die Amtszeit beginnt, wird nicht mitgerechnet. Wiederwahl ist zulässig.

(5) Ersatzmitglieder können bestellt werden.

(6) Die Mitglieder des Aufsichtsrates erhalten neben dem Ersatz ihrer baren Auslagen eine angemessene Vergütung (zuzüglich der hierauf zu entrichtenden Umsatzsteuer).

§ 13

**Erlöschen der Mitgliedschaft**

Die von der Mitgliederversammlung gewählten Aufsichtsratsmitglieder verlieren ihre Mitgliedschaft im Aufsichtsrat durch

1. freiwilligen Austritt,
2. Abberufung durch die Mitgliederversammlung,
3. Abschluß eines anderweitigen Dienstvertrages mit dem PSVaG.

§ 14

**Vorsitzender**

(1) Der Aufsichtsrat wählt jährlich unmittelbar nach der Mitgliederversammlung, die über seine Entlastung beschlossen hat, aus seiner Mitte seinen

Vorsitzenden und mindestens einen Stellvertreter. Wiederwahl ist zulässig. Die Wahl des Vorsitzenden leitet das an Lebensjahren älteste anwesende Aufsichtsratsmitglied.

(2) Den Vorsitz in Sitzungen des Aufsichtsrates führt der Vorsitzende des Aufsichtsrates oder sein Stellvertreter oder, falls beide verhindert sind, das an Lebensjahren älteste anwesende Mitglied des Aufsichtsrates.

§ 15

**Beschlüsse, Einladung des Vorstandes**

(1) Der Aufsichtsrat faßt seine Beschlüsse mit einfacher Stimmenmehrheit. Er ist beschlußfähig, wenn mindestens sieben Mitglieder an der Beschlußfassung teilnehmen. Bei Stimmengleichheit gibt die Stimme des Sitzungsleiters den Ausschlag.

(2) Zu den Sitzungen des Aufsichtsrates ist in der Regel der Vorstand einzuladen.

§ 16

**Aufgaben und Ermächtigung des Aufsichtsrates**

(1) Dem Aufsichtsrat obliegt insbesondere:

1. Bestellung und Abberufung der Vorstandsmitglieder; Abschluß, Änderung und Aufhebung der Anstellungsverträge mit ihnen; Bestellung des Vorsitzenden des Vorstandes,
2. Überwachung der Geschäftsführung des Vorstandes,
3. Beschlußfassung über den Rechnungsabschluß,
4. Bestellung des Abschlußprüfers,
5. Zustimmung zum Erwerb, zur Bebauung, zur Veräußerung und zur dinglichen Belastung von Grundstücken, mit Ausnahme des Erwerbs in Zwangsversteigerungen zur Sicherung eingetragener Rechte des PSVaG,
6. Zustimmung zu dem vom Vorstand festgesetzten Beitragssatz,
7. Zustimmung zu der vom Vorstand festgesetzten Tilgung des Gründungsstocks,
8. Festsetzung der eigenen Geschäftsordnung.

(2) Der Aufsichtsrat kann im Rahmen der gesetzlichen Vorschriften aus seiner Mitte für bestimmte Aufgaben Ausschüsse bilden. Den Ausschüssen können, soweit gesetzlich zulässig, auch Entscheidungsbefugnisse des Aufsichtsrates übertragen werden. Soweit Ausschüssen Entscheidungsbefugnisse übertragen werden, muß ihnen mindestens ein von den Garanten benanntes Aufsichtsratsmitglied angehören.

(3) Der Aufsichtsrat ist ermächtigt,

1. die Satzung und AIB zu ändern, soweit dies nur die Fassung betrifft,
2. Beschlüsse der Mitgliederversammlung über eine Änderung der Satzung oder der AIB abzuändern, soweit die Aufsichtsbehörde es vor der Genehmigung verlangt,
3. dringliche Änderungen der AIB mit Genehmigung der Aufsichtsbehörde vorläufig vorzunehmen; diese Änderungen sind der Mitgliederversammlung bei ihrem nächsten Zusammentritt vorzulegen und außer Kraft zu setzen, wenn sie es verlangt.

(4) Der Vorsitzende oder sein Stellvertreter sind befugt, Erklärungen des Aufsichtsrates und seiner Ausschüsse namens des Aufsichtsrates abzugeben.

## III. Mitgliederversammlung

§ 17

**Versammlungen, Teilnahme und Stimmberechtigung, Bevollmächtigte**

(1) Die Mitgliederversammlung ist die oberste Vertretung des PSVaG.

(2) Die Mitgliederversammlung kann am Sitz des Vereins oder an einem anderen Ort stattfinden.

(3) Jedes Mitglied hat in der Mitgliederversammlung eine Stimme.

(4) Die Mitglieder sind in der Mitgliederversammlung antrags- und stimmberechtigt, sofern sie ihre Teilnahme nicht später als am 30. Tag vor der Versammlung beim Vorstand des PSVaG angemeldet haben. Als Bestätigung der Anmeldung wird vom Vorstand eine Eintrittskarte übersandt.

(5) Das Stimmrecht kann durch Bevollmächtigte ausgeübt werden. Die Vollmacht muß für jede Mitgliederversammlung gesondert schriftlich erteilt werden. Zweifel über die Gültigkeit einer Vollmacht entscheidet nach Anhörung des Vorstandes der Vorsitzende in der Mitgliederversammlung.

§ 18

**Vorsitzender**

Den Vorsitz in der Mitgliederversammlung führt der Vorsitzende des Aufsichtsrates oder sein Stellvertreter oder, falls beide verhindert sind, das an Lebensjahren älteste anwesende Mitglied des Aufsichtsrates. Ist in der Mitgliederversammlung kein Mitglied des Aufsichtsrates anwesend, so wählt diese unter Leitung eines Vorstandsmitgliedes für diese Versammlung ihren Vorsitzenden.

§ 19

**Zusammentreten, Einberufung, Beschlußfähigkeit**

(1) Die Mitgliederversammlung tritt einmal jährlich innerhalb der ersten acht Monate zu ihrer ordentlichen Versammlung zusammen.

(2) Eine außerordentliche Mitgliederversammlung muß innerhalb einer Frist von sechs Wochen einberufen werden, wenn mindestens 5 % der Mitglieder dies unter Angabe des Zwecks und der Gründe schriftlich verlangen; das Verlangen ist an den Vorstand zu richten.

(3) Die Mitgliederversammlung wird durch den Vorstand einberufen. Die Einberufung muß unter Angabe der Firma, des Sitzes des PSVaG, der Zeit, des Ortes und der Tagesordnung der Versammlung mindestens einen Monat vor dem Ablauf der Anmeldefrist des § 17 Abs. 4 Satz 1 nach den gesetzlichen Vorschriften bekanntgemacht werden. Außerdem sind die Aufsichtsratsmitglieder zur Versammlung einzuladen.

(4) Eine Anzahl von mindestens 5 % der Mitglieder kann spätestens eine Woche nach der Bekanntmachung der Mitgliederversammlung im Bundesanzeiger verlangen, daß bestimmte Anträge zur Beschlußfassung der Mitgliederversammlung angekündigt werden.

(5) Die Mitgliederversammlung ist ohne Rücksicht auf die Anzahl der erschienenen Stimmberechtigten beschlußfähig.

§ 20

**Änderungen der Satzung und der AIB, Minderheitsrechte, Wahlen**

(1) Die §§ 2 Abs. 1 und 3, 17 Abs. 1 und 3, 20 und 24 der Satzung können nur durch einstimmigen Beschluß der Mitgliederversammlung geändert werden.

Hat ein Antrag nach Satz 1 eine Mehrheit von wenigstens 3/4 der abgegebenen Stimmen gefunden, so kann er in einer weiteren Mitgliederversammlung erneut eingebracht werden. Zwischen beiden Versammlungen muß ein Zeitraum von mindestens einem Jahr liegen. Der Antrag bedarf in diesem Fall zu seiner Annahme nur der Zustimmung von 3/4 der Mitglieder und, soweit der Gründungsstock noch nicht vollständig getilgt ist, der Zustimmung der Garanten.

(2) Solange der Gründungsstock noch nicht vollständig getilgt ist, bedürfen Änderungen der §§ 2 Abs. 2, 9, 10, 12 Abs. 2, 16 Abs. 1 Nr. 7, Abs. 2 Satz 3 und 21 Nr. 4 zu ihrer Wirksamkeit der Zustimmung der Garanten.

(3) Im übrigen genügt zu Änderungen der Satzung und der AIB eine Mehrheit von 3/4 der abgegebenen Stimmen. Die §§ 4 bis 7 der AIB können mit Wirkung für bestehende Versicherungsverhältnisse geändert werden, wenn die Aufsichtsbehörde auch insoweit zustimmt.

(4) Soweit gesetzliche Vorschriften einer Minderheit von Mitgliedern besondere Rechte gewähren, stehen sie einer Minderheit von mindestens 5 % der Mitglieder zu.

(5) Bei Wahlen ist der gewählt, auf den die meisten Stimmen entfallen. Bei Stimmengleichheit entscheidet das Los, das der Vorsitzende zieht.

## § 21

## Aufgaben

Der Mitgliederversammlung obliegt insbesondere

1. Entgegennahme des Geschäftsberichtes, des Rechnungsabschlusses und des Berichtes des Aufsichtsrates sowie die Feststellung des Rechnungsabschlusses, wenn sich der Vorstand und der Aufsichtsrat für die Feststellung durch die Mitgliederversammlung entscheiden oder der Aufsichtsrat den Rechnungsabschluß nicht billigt,
2. Entlastung des Vorstandes und des Aufsichtsrates,
3. Änderung der Satzung und der AIB,
4. Wahl der Aufsichtsratsmitglieder, Widerruf ihrer Bestellung – soweit diese von den Garanten benannt sind, auf deren Verlangen und Bestimmung der Vergütung der Aufsichtsratsmitglieder,
5. Feststellung der eigenen Geschäftsordnung.

## IV. Beirat

§ 22

**Aufgaben**

(1) Der PSVaG kann einen Beirat erhalten.

(2) Der Beirat berät Aufsichtsrat und Vorstand.

§ 23

**Zusammensetzung, Bestellung, Amtszeit**

(1) Der Beirat besteht höchstens aus zwölf Personen. Er setzt sich zu je einem Drittel aus Vertretern

a) der Mitglieder,

b) der Lebensversicherungsunternehmen, mit denen der PSVaG Versicherungsverträge auf das Leben der versicherten Arbeitnehmer abschließt,

c) der Arbeitnehmer der Mitglieder

zusammen.

(2) Für die Wahl des Beirates sind vorschlagsberechtigt

für die Mitglieder gemäß Abs. (1) Buchst. a)
die Bundesvereinigung der Deutschen Arbeitgeberverbände, Köln

für die Mitglieder gemäß Abs. (1) Buchst. b)
der Verband der Lebensversicherungs-Unternehmen e. V., Bonn

für die Mitglieder gemäß Abs. (1) Buchst. c)
die Spitzenorganisationen der Gewerkschaften sowie sonstige selbständige Vereinigungen von Arbeitnehmern mit sozial- oder berufspolitischer Zwecksetzung.

Der Beirat wird von der Mitgliederversammlung gewählt. Soweit von den vorschlagsberechtigten Organisationen nicht mehr Beiratsmitglieder benannt werden als zu wählen sind, kann der Beirat unmittelbar vom Aufsichtsrat bestellt werden.

(3) Die Amtszeit der Mitglieder des Beirates beträgt fünf Jahre. Wiederwahl oder -bestellung ist zulässig.

(4) Den Mitgliedern des Beirates kann neben dem Ersatz ihrer baren Auslagen eine Vergütung gewährt werden. Diese wird vom Aufsichtsrat festgesetzt.

## Vierter Abschnitt

§ 24

**Auflösung**

(1) Soll der PSVaG durch Beschluß der Mitgliederversammlung aufgelöst werden, so muß dies zunächst durch Mitgliederversammlungsbeschluß angekündigt werden. Über die Auflösung selbst darf erst in einer weiteren Mitgliederversammlung beschlossen werden. Zwischen beiden Versammlungen muß ein Zeitraum von mindestens einem Jahr liegen.

(2) In beiden Fällen bedarf der Beschluß der Zustimmung von $^3/_4$ der Mitglieder und, soweit der Gründungsstock noch nicht vollständig getilgt ist, der Zustimmung der Garanten.

(3) Über die Verwendung des nach Erfüllung sämtlicher Verbindlichkeiten einschließlich der Tilgung des Gründungsstocks etwa verbleibenden Vermögens beschließt die nach Abs. 1 Satz 2 zuständige Mitgliederversammlung. § 14 Abs. 2 Satz 2 BetrAVG bleibt unberührt.

## Fünfter Abschnitt

§ 25

**Übergangsbestimmung**

§ 19 Abs. 1 findet im Geschäftsjahr 1975 keine Anwendung.

Genehmigt durch Verfügungen des Bundesaufsichtsamtes für das Versicherungswesen
vom 23. Dezember 1974 IV – A 81 c – 31/74,
26. Juli 1976 IV – 5856 – 5/76,
14. Juli 1978 IV – 5856 – 20/78,
16. August 1979 IV – 5856 – 19/79.

# PENSIONS-SICHERUNGS-VEREIN
Versicherungsverein auf Gegenseitigkeit

## Allgemeine Versicherungsbedingungen für die Insolvenzsicherung der betrieblichen Altersversorgung

– Fassung vom 20. Juni 1979 –

Oberländer Ufer 72, 5000 Köln 51, Postfach 51 08 05

# Allgemeine Versicherungsbedingungen für die Insolvenzsicherung der betrieblichen Altersversorgung (AIB)

## § 1

### Zweck der Versicherung

(1) Versichert wird die betriebliche Altersversorgung gegen die Folgen einer Zahlungsunfähigkeit des Arbeitgebers nach Maßgabe des Gesetzes zur Verbesserung der betrieblichen Altersversorgung vom 19. 12. 1974, BGBl I S. 3610 (BetrAVG).

(2) Die Versicherung wird vom Arbeitgeber (Versicherungsnehmer) zugunsten der Versorgungsberechtigten abgeschlossen.

## § 2

### Gegenstand der Versicherung

(1) Die Versicherung umfaßt

a) Ansprüche auf einmalige und laufende Leistungen aus einer unmittelbaren Versorgungszusage des Arbeitgebers,

b) Ansprüche, die einem Versorgungsberechtigten gegen den Arbeitgeber erwachsen, weil sein Bezugsrecht auf Leistungen aus einer Direktversicherung gemäß § 7 Abs. 2 Nr. 2 BetrAVG durch Widerruf, Beleihung oder auf sonstige Weise entzogen oder beeinträchtigt wird,

c) die Gewährleistung der von einer Unterstützungskasse vorgesehenen Versorgung,

soweit sie nach Eintritt des Versicherungsfalls (§ 3) entstanden sind.

(2) Der Versicherer haftet nicht, soweit der Arbeitgeber beim Eintritt des Versicherungsfalles berechtigt war, Versorgungsanwartschaften oder -ansprüche zu entziehen oder zu mindern. Im Falle des § 3 Abs. 2 Buchstabe f) gilt dies nur, wenn der Versorgungsberechtigte diesen Fall vorsätzlich oder grob fahrlässig herbeigeführt hat.

(3) Ein Anspruch auf laufende Leistungen gegen den Versicherer beträgt im Monat höchstens das Dreifache der im Zeitpunkt der ersten Fälligkeit geltenden Beitragsbemessungsgrenze für Monatsbezüge in den gesetzlichen Rentenversicherungen der Arbeiter und Angestellten. Satz 1 gilt entspre-

chend bei einem Anspruch auf Kapitalleistungen mit der Maßgabe, daß zehn vom Hundert der Leistung als Jahresbetrag einer laufenden Leistung anzusetzen sind.

(4) Ansprüche der Versorgungsberechtigten auf Zinsen und Erstattung von Kosten der Rechtsverfolgung sowie sonstiger Kosten sind nicht Gegenstand der Versicherung.

(5) Der Versicherer erteilt dem Versorgungsberechtigten einen Leistungsbescheid über die ihm zustehenden Ansprüche und deren Fälligkeit.

## § 3

## Versicherungsfall (Zahlungsunfähigkeit)

(1) Der Versicherungsfall tritt ein mit der Zahlungsunfähigkeit des Versicherungsnehmers.

(2) Zahlungsunfähigkeit des Versicherungsnehmers liegt vor, wenn

a) über sein Vermögen oder über seinen Nachlaß das Konkursverfahren eröffnet worden ist,

b) der Antrag auf Eröffnung des Konkursverfahrens mangels Masse abgewiesen worden ist,

c) ein gerichtliches Vergleichsverfahren zur Abwendung des Konkurses eröffnet worden ist,

d) ein außergerichtlicher Vergleich (Stundungs-, Quoten- oder Liquidationsvergleich) des Arbeitgebers mit seinen Gläubigern nach vorausgegangener Zahlungseinstellung im Sinne der Konkursordnung zustande gekommen ist, dem der Versicherer zugestimmt hat,

e) bei vollständiger Beendigung der Betriebstätigkeit im Geltungsbereich des Gesetzes zur Verbesserung der betrieblichen Altersversorgung ein Antrag auf Eröffnung des Konkursverfahrens nicht gestellt worden ist und ein Konkursverfahren offensichtlich mangels Masse nicht in Betracht kommt oder

f) Versorgungsansprüche wegen wirtschaftlicher Notlage des Arbeitgebers gemindert oder entzogen worden sind, soweit dies durch ein rechtskräftiges Urteil eines Gerichtes für zulässig erklärt worden ist oder der Versicherer zugestimmt hat.

(3) Als Tag des Eintritts der Zahlungsunfähigkeit gilt in den Fällen a) und c) der Tag, der sich aus dem Gerichtsbeschluß ergibt,

im Falle b) der Tag der Verkündung des Gerichtsbeschlusses,

im Falle d) der Tag, an dem sich der Arbeitgeber unter Mitteilung seiner Zahlungsunfähigkeit an seine sämtlichen Gläubiger gewandt hat,

im Falle e) der Tag, an dem die dort genannten Voraussetzungen erfüllt waren,

im Falle f) der Tag, ab dem nach den Urteilsgründen der Arbeitgeber zur Einstellung oder Kürzung von Versorgungsleistungen berechtigt war, sonst frühestens der Tag der Rechtshängigkeit des Verfahrens, oder der Tag, der sich aus der Zustimmung des Versicherers ergibt.

§ 3a

**Versicherungsfall kraft Zustimmung**

(1) Eine Zustimmung des Versicherers nach § 3 Abs. 2 Buchstabe f) kann nur auf Antrag des Versicherungsnehmers erteilt werden.

(2) Aus dem Antrag müssen sich Dauer und Umfang der geplanten Maßnahme (Stundung, Kürzung, Einstellung) ergeben. Außerdem ist substantiiert darzulegen, daß

a) der Betrieb des Versicherungsnehmers fortgeführt wird, ggf. welche Änderungen vorgesehen sind, insbesondere des Betriebszwecks, der Unternehmensform und der Gesellschaftsverhältnisse,

b) Art und Ausmaß der geplanten Maßnahme zur Fortführung des Betriebs und zur Sicherung der Arbeitsplätze im Betrieb des Versicherungsnehmers unumgänglich notwendig ist,

c) der Eingriff in die Rechte der Versorgungsberechtigten für diese kein Sonderopfer darstellt, vielmehr auch die aktiven Arbeitnehmer und die Inhaber des Betriebs sowie die sonstigen Gläubiger angemessen zur Erhaltung des Betriebs des Versicherungsnehmers beitragen,

d) auch Privatvermögen des Versicherungsnehmers oder dessen persönlich haftender Gesellschafter zur ungekürzten Zahlung der laufenden Versorgungsleistungen nicht ausreicht.

(3) Der Versicherungsnehmer ist verpflichtet, dem Versicherer auf Verlangen alle Auskünfte zu erteilen und Unterlagen vorzulegen, die für eine Entscheidung über den Antrag erforderlich sind. Die Kosten hierfür hat der Versicherungsnehmer zu tragen.

§ 4

**Leistungen**

(1) Versorgungsempfänger und gegebenenfalls ihre Hinterbliebenen haben gegen den Versicherer einen Anspruch in Höhe der Leistung, die der

Arbeitgeber aufgrund einer unmittelbaren Versorgungszusage zu erbringen hätte. Satz 1 gilt entsprechend, soweit Leistungen aus einer Direktversicherung nicht gezahlt werden oder wenn eine Unterstützungskasse die nach ihrer Versorgungsregelung vorgesehene Versorgung nicht erbringt.

(2) Versorgungsberechtigte, die bei Eintritt des Versicherungsfalles eine unverfallbare Versorgungsanwartschaft aus einer unmittelbaren Versorgungszusage oder Direktversicherung haben, und gegebenenfalls ihre Hinterbliebenen erhalten bei Eintritt des Versorgungsfalles einen Anspruch gegen den Versicherer. Satz 1 gilt entsprechend für Personen, die zum Kreis der Begünstigten einer Unterstützungskasse gehören. Die Höhe des Anspruchs richtet sich nach der Höhe der Leistungen gemäß § 2 Abs. 1 und Abs. 2 Satz 2 BetrAVG bei Unterstützungskassen nach dem Teil der nach der Versorgungsregelung vorgesehenen Versorgung, der dem Verhältnis der Dauer der Betriebszugehörigkeit zu der Zeit vom Beginn der Betriebszugehörigkeit bis zum Erreichen der in der Versorgungsregelung vorgesehenen festen Altersgrenze entspricht; § 2 Abs. 5 BetrAVG ist entsprechend anzuwenden.

(2a) Ergibt sich aus der Versorgungsregelung (z. B. Versorgungszusage, betriebliche Übung) des Versicherungsnehmers nichts über die Voraussetzungen und/oder die Höhe eines vorgezogenen oder hinausgeschobenen Altersruhegeldes, so gilt folgendes:

a) Vorgezogenes Altersruhegeld kann gemäß § 6 BetrAVG in Anspruch genommen werden. Auch Versorgungsberechtigte ohne Anspruch auf vorgezogenes Altersruhegeld aus der gesetzlichen Rentenversicherung können vorgezogenes Altersruhegeld beim Versicherer verlangen, wenn sie aufgrund ihres Erwerbslebens die Voraussetzungen der §§ 25 AVG, 1248 RVO oder 48 RKG erfüllt haben würden, sofern sie der Versicherungspflicht in der gesetzlichen Rentenversicherung unterlegen hätten oder nicht von ihr befreit gewesen wären.

b) Nimmt der Versorgungsberechtigte vor der in der Versorgungsregelung des Versicherungsnehmers vorgesehenen festen Altersgrenze Altersruhegeld in Anspruch, so wird der sich aus der Versorgungsregelung für die Zeit vom Beginn der Betriebszugehörigkeit bis zum Zeitpunkt der Inanspruchnahme des Altersruhegeldes ergebende, der Berechnung nach Abs. 2 Satz 3 zugrundezulegende Vollanspruch für jeden Monat des vorgezogenen Beginns der Leistung um 0,5 % gekürzt.

c) Nimmt der Versorgungsberechtigte nach der in der Versorgungsregelung des Versicherungsnehmers vorgesehenen festen Altersgrenze Altersruhegeld in Anspruch, so wird der sich aus der Versorgungsregelung für die Zeit vom Beginn der Betriebszugehörigkeit bis zur festen Altersgrenze ergebende, der Berechnung nach Abs. 2 Satz 3 zugrundezulegende Vollanspruch für jeden Monat des späteren Beginns der Leistung um 0,5 % erhöht.

(3) Leistungen des Versicherers gelten als erbracht, sobald und soweit Pensionskassen oder Lebensversicherungsunternehmen sich dem Versicherer gegenüber verpflichtet haben, diese Leistungen zu erbringen, und der Versorgungsberechtigte ein unmittelbares Recht erwirbt, die Leistungen zu fordern.

(4) In entsprechender Anwendung des § 3 Abs. 2 BetrAVG kann eine Abfindung gezahlt werden, wenn die Versorgungsanwartschaft auf einer Versorgungszusage beruht, die weniger als zehn Jahre vor Eintritt des Versicherungsfalles erteilt wurde. Satz 1 gilt entsprechend für Personen, die zum Kreis der Begünstigten einer Unterstützungskasse gehören.

(5) Zur Feststellung des Anspruchs auf die Versicherungsleistung werden von den bei Eintritt des Versicherungsfalles bestehenden Versorgungsansprüchen abgesetzt.

a) aufrechenbare Forderungen, die der Versicherungsnehmer abzuziehen berechtigt war,

b) Erlöse aus Pfandrechten, Sicherheiten, Bürgschaften und dergleichen,

c) Leistungen der betrieblichen Altersversorgung, die der Arbeitgeber oder der sonstige Träger der Versorgung erbringt.

Versorgungsanwartschaften mindern sich entsprechend.

(6) Die Ansprüche auf die Versicherungsleistung können nicht abgetreten werden. Auch eine andere Verwendung der Versicherungsleistung kann nicht verlangt werden.

## § 5

## Leistungsbeschränkungen und -ausschlüsse

(1) Der Versicherer kann bei Versicherungsfällen, die durch kriegerische Ereignisse, innere Unruhen, Naturkatastrophen oder durch Kernenergie verursacht werden, mit Zustimmung der Aufsichtsbehörde die Leistung nach billigem Ermessen abweichend von diesen Bedingungen festsetzen.

(2) Ein Leistungsanspruch besteht insoweit nicht, als nach den Umständen des Falles die Annahme gerechtfertigt ist, daß es der alleinige oder überwiegende Zweck der Versorgungszusage, ihrer Erhöhung oder sonstigen Verbesserung, der Beleihung oder Abtretung eines Anspruchs aus einer Direktversicherung mit unwiderruflichem Bezugsrecht gewesen ist, den Versicherer in Anspruch zu nehmen. Diese Annahme ist insbesondere dann gerechtfertigt, wenn bei Erteilung oder Verbesserung der Versorgungszusage wegen der wirtschaftlichen Lage des Arbeitgebers zu erwarten war, daß die Zusage nicht erfüllt werde.

(3) Verbesserungen der Versorgungszusagen werden bei der Bemessung der Leistungen nicht berücksichtigt, soweit sie in dem letzten Jahre vor dem Eintritt des Versicherungsfalles größer gewesen sind als in dem diesem Jahr vorangegangenen Jahr.

## § 6

## Beiträge

(1) Die Beiträge werden von den Versicherungsnehmern nach Maßgabe der nachfolgenden Beträge erhoben, soweit diese sich auf die laufenden Versorgungsleistungen und die nach § 1 BetrAVG unverfallbaren Versorgungsanwartschaften beziehen (Beitragsbemessungsgrundlage):

a) Bei Versicherungsnehmern, die Leistungen der betrieblichen Altersversorgung unmittelbar zugesagt haben, ist Beitragsbemessungsgrundlage der Teilwert der Pensionsverpflichtung (§ 6a Abs. 3 des Einkommensteuergesetzes).

b) Bei Versicherungsnehmern, die eine betriebliche Altersversorgung über die Direktversicherung mit widerruflichem Bezugsrecht durchführen, ist Beitragsbemessungsgrundlage das geschäftsplanmäßige Deckungskapital. Für Direktversicherungen, bei denen der Versicherungsfall bereits eingetreten ist und für Versicherungsanwartschaften, für die ein unwiderrufliches Bezugsrecht eingeräumt ist, ist das Deckungskapital nur insoweit zu berücksichtigen, als die Direktversicherungen abgetreten oder beliehen sind.

c) Bei Versicherungsnehmern, die eine betriebliche Altersversorgung über eine Unterstützungskasse durchführen, ist Beitragsbemessungsgrundlage das Deckungskapital für die laufenden Leistungen (§ 4d Abs. 1 Nr. 1 Buchst. a) des Einkommensteuergesetzes) zuzüglich des Zwanzigfachen der nach § 4d Abs. 1 Nr. 1 Buchst. b) des Einkommensteuergesetzes errechneten jährlichen Zuwendungen für Leistungsanwärter; sofern die Unterstützungskasse keine über 55 Jahre alten Leistungsanwärter im Sinne des § 4d Abs. 1 Nr. 1 Buchst. b) des Einkommensteuergesetzes hat, treten für die Berechnung der Beiträge an ihre Stelle sämtliche Leistungsanwärter, bei denen die Voraussetzungen des § 1 Abs. 1 BetrAVG erfüllt sind.

Maßgeblich ist die Beitragsbemessungsgrundlage am Schluß des Wirtschaftsjahres des Versicherungsnehmers, das im abgelaufenen Kalenderjahr geendet hat.

(2) Versicherungsperiode ist das Kalenderjahr. Der Beitrag ist jährlich in einem Betrage zu entrichten. Auf den Beitrag werden Vorschüsse erhoben.

(3) Der Beitrag oder Vorschuß ist spätestens einen Monat nach Zugang der Rechnung zu zahlen. Wird er nicht innerhalb dieser Frist entrichtet, kön-

nen Zinsen bis zu 1 % des Beitrages oder Vorschusses pro Monat erhoben werden.

(4) Rechnungen über Beiträge oder Vorschüsse sind Beitragsbescheide im Sinne von § 10 Abs. 4 BetrAVG.

§ 7

**Mitteilungs- und Auskunftspflicht des Versicherungsnehmers**

(1) Der Versicherungsnehmer hat dem Versicherer spätestens bis zum 30. September eines jeden Kalenderjahres die Höhe des nach § 6 Abs. 1 für die Bemessung des Beitrages maßgebenden Betrages bei unmittelbaren Versorgungszusagen aufgrund eines versicherungsmathematischen Gutachtens, bei Direktversicherungen aufgrund einer Bescheinigung des Lebensversicherungsunternehmens und bei Unterstützungskassen aufgrund einer nachprüfbaren Berechnung mitzuteilen. Der Versicherer kann verlangen, daß die Höhe der Beitragsbemessungsgrundlage durch einen vom Versicherer anerkannten versicherungsmathematischen Sachverständigen attestiert wird. Der Versicherungsnehmer hat die nach den Sätzen 1 und 2 erforderlichen Unterlagen mindestens sechs Jahre aufzubewahren.

(2) Der Versicherungsnehmer ist verpflichtet, dem Versicherer alle Auskünfte zu erteilen und alle Unterlagen vorzulegen, die im Leistungsfall zur Feststellung der Zahlungsunfähigkeit und der Höhe des Ausfalls erforderlich sind.

(3) Der Versorgungsberechtigte und gegebenenfalls seine Hinterbliebenen können einen Anspruch gegen den Versicherer nur geltend machen, wenn sie in dem Umfang, in dem der Versicherer es zumutbarerweise verlangen kann, dazu beitragen, dem Versicherer die Feststellung der Leistung dem Grunde und der Höhe nach sowie die bedingungsgemäße Verwendung der Leistung zu ermöglichen. Insbesondere haben sie auf Verlangen des Versicherers die Versorgungszusage vorzulegen und diesbezügliche Auskünfte zu erteilen, die Zahlungsunfähigkeit des Versicherungsnehmers glaubhaft zu machen und im Falle des § 4 Abs. 3 dem Abschluß eines Versicherungsvertrages auf ihr Leben zuzustimmen.

(4) Die für die Durchführung der Insolvenzsicherung nach den Abs. 1 bis 3 erforderlichen Unterlagen sind beim Versicherer auf dessen Verlangen im Original oder in öffentlich beglaubigter Form vorzulegen.

§ 8

**Schlußbestimmungen**

(1) Mündliche Nebenabreden haben keine Gültigkeit. Von den Allgemeinen Versicherungsbedingungen und etwaigen Besonderen Bedingungen ab-

weichende Bedingungen gelten nur, soweit sie im Versicherungsschein oder in einem Nachtrag dazu dokumentiert worden sind.

(2) Die §§ 4 bis 7 können mit Wirkung für bestehende Versicherungsverhältnisse geändert werden, wenn die Aufsichtsbehörde auch insoweit zustimmt.

(3) Erfüllungsort für die beiderseitigen Verpflichtungen ist der Sitz des Versicherers in Köln.

Genehmigt durch Verfügungen des Bundesaufsichtsamtes für das Versicherungswesen
vom 23. Dezember 1974 IV – A 81 c – 31/74,
26. Juli 1976 IV – 5856 – 5/76,
16. August 1979 IV – 5856 – 19/79.

Druck: Ludw. Flöttmann KG, Gütersloh

PSVaG

# MERK

## 300 / M

## Insolve
## der betriebliche

Im Rahmen des Gesetzes zur Verbesseru
BGBl I S. 3610 (BetrAVG) und der Allge
sicherung der betrieblichen Altersversor
die Folgen der Insolvenz eines Arbeitgeb
rungsverein auf Gegenseitigkeit (PSVaG

## 1. Insolvenz eines Arbeitgebers (Sic

Der **Sicherungsfall** liegt gemäß § 7 Abs

1.1 über das Vermögen oder über den Nach
worden ist,

1.2 der Antrag auf Eröffnung des Konkur

1.3 ein **gerichtliches Vergleichsverfahren**

1.4 ein **außergerichtlicher Vergleich** (Stund
gebers mit seinen Gläubigern nach vora
kursordnung zustande gekommen ist, d

1.5 bei vollständiger Beendigung der Betrie
besserung der betrieblichen Altersverso
nicht gestellt worden ist und ein **Konk
Betracht kommt** oder

1.6 Versorgungsansprüche wegen **wirtsch
entzogen worden sind, soweit dies durc
erklärt worden ist oder der PSVaG zuge

| | | | |
|---|---|---|---|
| .ATT<br>10. 79 | Stand<br>**10. 79** | | |
| | Ersetzt<br>**4. 79** | | |

**ıerung**
**ersversorgung**

ɔetrieblichen Altersversorgung vom 19. 12. 1974
Versicherungsbedingungen für die Insolvenz-
IB) ist die betriebliche Altersversorgung gegen
n PENSIONS-SICHERUNGS-VEREIN Versiche-
versichert.

**ısfall)**

AVG vor, wenn

ıs Arbeitgebers das **Konkurs**verfahren eröffnet

ens mangels Masse abgewiesen worden ist,
wendung des Konkurses eröffnet worden ist,
Quoten- oder Liquidationsvergleich) des Arbeit-
ngener Zahlungseinstellung im Sinne der Kon-
PSVaG zugestimmt hat,

keit im Geltungsbereich des Gesetzes zur Ver-
in Antrag auf Eröffnung des Konkursverfahrens
**fahren** offensichtlich mangels Masse **nicht in**

**r Notlage des Arbeitgebers** gemindert oder
chtskräftiges Urteil eines Gerichtes für zulässig
hat.

## 2. Gesicherter Personenkreis

Nach Maßgabe des Gesetzes und der A
liche Altersversorgung folgender Versor
Arbeitgebers beim PENSIONS-SICHER

2.1 **Rentner**

Nach Insolvenzeintritt entstehende Ar
empfänger und ggf. ihrer Hinterbliebene
Ausscheiden aus dem Betrieb im Zeit
zungen nach der Versorgungszusage e

2.2 **Versorgungsanwärter mit unverfallba**

2.2.1 Versorgungsanwärter sind Arbeitnehm
sind, wenn ihnen aus Anlaß des Arbeits
Leistungen der Alters-, Hinterbliebene
(§ 1 Abs. 1, § 17 Abs. 1 Satz 2 BetrAVG; vg
führer – und 300/M 2 – Arbeitnehme

2.2.2 **Unverfallbarkeit** liegt nach § 1 Abs. 1 B
gemäß § 7 Abs. 2 BetrAVG i. V. m. § 3 A

mindestens das **35. Lebensjahr vol**

**entweder:** die **Versorgungszusage**

**oder:** der Beginn der ununterbr
zurückliegt **und** die **Vers**
hat.

ìnen Versicherungsbedingungen ist die betrieb-
berechtigter gegen die Folgen der Insolvenz des
/EREIN gesichert:

ıe auf laufende Leistungen der Versorgungs-
zu gehören auch die Personen, die bis auf das
des Insolvenzeintritts alle Leistungsvorausset-
ben (sogenannte technische Rentner).

**wartschaften**

bestimmte Personen, die keine Arbeitnehmer
nisses oder ihrer Tätigkeit für ein Unternehmen
Invaliditätsversorgung zugesagt worden sind
Merkblatt 300/M 1 — Gesellschafter-Geschäfts-
atten —).

ì nur vor, wenn bei Eintritt des Sicherungsfalles
Versorgungsberechtigte

nat und

mindestens **10 Jahre** bestanden hat

ın **Betriebszugehörigkeit mindestens 12 Jahre**
**szusage** für ihn mindestens **3 Jahre** bestanden

b. w.

# PENSIONS-SICHERUNGS-VEREIN
Versicherungsverein auf Gegenseitigkeit

# Allgemeine Versicherungsbedingungen für die Insolvenzsicherung der betrieblichen Altersversorgung

– Fassung vom 20. Juni 1979 –

Oberländer Ufer 72, 5000 Köln 51, Postfach 510805

# Allgemeine Versicherungsbedingungen für die Insolvenzsicherung der betrieblichen Altersversorgung (AIB)

§ 1

**Zweck der Versicherung**

(1) Versichert wird die betriebliche Altersversorgung gegen die Folgen einer Zahlungsunfähigkeit des Arbeitgebers nach Maßgabe des Gesetzes zur Verbesserung der betrieblichen Altersversorgung vom 19. 12. 1974, BGBl I S. 3610 (BetrAVG).

(2) Die Versicherung wird vom Arbeitgeber (Versicherungsnehmer) zugunsten der Versorgungsberechtigten abgeschlossen.

§ 2

**Gegenstand der Versicherung**

(1) Die Versicherung umfaßt

a) Ansprüche auf einmalige und laufende Leistungen aus einer unmittelbaren Versorgungszusage des Arbeitgebers,

b) Ansprüche, die einem Versorgungsberechtigten gegen den Arbeitgeber erwachsen, weil sein Bezugsrecht auf Leistungen aus einer Direktversicherung gemäß § 7 Abs. 2 Nr. 2 BetrAVG durch Widerruf, Beleihung oder auf sonstige Weise entzogen oder beeinträchtigt wird,

c) die Gewährleistung der von einer Unterstützungskasse vorgesehenen Versorgung,

soweit sie nach Eintritt des Versicherungsfalls (§ 3) entstanden sind.

(2) Der Versicherer haftet nicht, soweit der Arbeitgeber beim Eintritt des Versicherungsfalles berechtigt war, Versorgungsanwartschaften oder -ansprüche zu entziehen oder zu mindern. Im Falle des § 3 Abs. 2 Buchstabe f) gilt dies nur, wenn der Versorgungsberechtigte diesen Fall vorsätzlich oder grob fahrlässig herbeigeführt hat.

(3) Ein Anspruch auf laufende Leistungen gegen den Versicherer beträgt im Monat höchstens das Dreifache der im Zeitpunkt der ersten Fälligkeit geltenden Beitragsbemessungsgrenze für Monatsbezüge in den gesetzlichen Rentenversicherungen der Arbeiter und Angestellten. Satz 1 gilt entspre-

chend bei einem Anspruch auf Kapitalleistungen mit der Maßgabe, daß zehn vom Hundert der Leistung als Jahresbetrag einer laufenden Leistung anzusetzen sind.

(4) Ansprüche der Versorgungsberechtigten auf Zinsen und Erstattung von Kosten der Rechtsverfolgung sowie sonstiger Kosten sind nicht Gegenstand der Versicherung.

(5) Der Versicherer erteilt dem Versorgungsberechtigten einen Leistungsbescheid über die ihm zustehenden Ansprüche und deren Fälligkeit.

§ 3

**Versicherungsfall (Zahlungsunfähigkeit)**

(1) Der Versicherungsfall tritt ein mit der Zahlungsunfähigkeit des Versicherungsnehmers.

(2) Zahlungsunfähigkeit des Versicherungsnehmers liegt vor, wenn

a) über sein Vermögen oder über seinen Nachlaß das Konkursverfahren eröffnet worden ist,

b) der Antrag auf Eröffnung des Konkursverfahrens mangels Masse abgewiesen worden ist,

c) ein gerichtliches Vergleichsverfahren zur Abwendung des Konkurses eröffnet worden ist,

d) ein außergerichtlicher Vergleich (Stundungs-, Quoten- oder Liquidationsvergleich) des Arbeitgebers mit seinen Gläubigern nach vorausgegangener Zahlungseinstellung im Sinne der Konkursordnung zustande gekommen ist, dem der Versicherer zugestimmt hat,

e) bei vollständiger Beendigung der Betriebstätigkeit im Geltungsbereich des Gesetzes zur Verbesserung der betrieblichen Altersversorgung ein Antrag auf Eröffnung des Konkursverfahrens nicht gestellt worden ist und ein Konkursverfahren offensichtlich mangels Masse nicht in Betracht kommt oder

f) Versorgungsansprüche wegen wirtschaftlicher Notlage des Arbeitgebers gemindert oder entzogen worden sind, soweit dies durch ein rechtskräftiges Urteil eines Gerichtes für zulässig erklärt worden ist oder der Versicherer zugestimmt hat.

(3) Als Tag des Eintritts der Zahlungsunfähigkeit gilt in den Fällen a) und c) der Tag, der sich aus dem Gerichtsbeschluß ergibt,

im Falle b) der Tag der Verkündung des Gerichtsbeschlusses,

im Falle d) der Tag, an dem sich der Arbeitgeber unter Mitteilung seiner Zahlungsunfähigkeit an seine sämtlichen Gläubiger gewandt hat,

im Falle e) der Tag, an dem die dort genannten Voraussetzungen erfüllt waren,

im Falle f) der Tag, ab dem nach den Urteilsgründen der Arbeitgeber zur Einstellung oder Kürzung von Versorgungsleistungen berechtigt war, sonst frühestens der Tag der Rechtshängigkeit des Verfahrens, oder der Tag, der sich aus der Zustimmung des Versicherers ergibt.

## § 3a

## Versicherungsfall kraft Zustimmung

(1) Eine Zustimmung des Versicherers nach § 3 Abs. 2 Buchstabe f) kann nur auf Antrag des Versicherungsnehmers erteilt werden.

(2) Aus dem Antrag müssen sich Dauer und Umfang der geplanten Maßnahme (Stundung, Kürzung, Einstellung) ergeben. Außerdem ist substantiiert darzulegen, daß

a) der Betrieb des Versicherungsnehmers fortgeführt wird, ggf. welche Änderungen vorgesehen sind, insbesondere des Betriebszwecks, der Unternehmensform und der Gesellschaftsverhältnisse,

b) Art und Ausmaß der geplanten Maßnahme zur Fortführung des Betriebs und zur Sicherung der Arbeitsplätze im Betrieb des Versicherungsnehmers unumgänglich notwendig ist,

c) der Eingriff in die Rechte der Versorgungsberechtigten für diese kein Sonderopfer darstellt, vielmehr auch die aktiven Arbeitnehmer und die Inhaber des Betriebs sowie die sonstigen Gläubiger angemessen zur Erhaltung des Betriebs des Versicherungsnehmers beitragen,

d) auch Privatvermögen des Versicherungsnehmers oder dessen persönlich haftender Gesellschafter zur ungekürzten Zahlung der laufenden Versorgungsleistungen nicht ausreicht.

(3) Der Versicherungsnehmer ist verpflichtet, dem Versicherer auf Verlangen alle Auskünfte zu erteilen und Unterlagen vorzulegen, die für eine Entscheidung über den Antrag erforderlich sind. Die Kosten hierfür hat der Versicherungsnehmer zu tragen.

## § 4

## Leistungen

(1) Versorgungsempfänger und gegebenenfalls ihre Hinterbliebenen haben gegen den Versicherer einen Anspruch in Höhe der Leistung, die der

Arbeitgeber aufgrund einer unmittelbaren Versorgungszusage zu erbringen hätte. Satz 1 gilt entsprechend, soweit Leistungen aus einer Direktversicherung nicht gezahlt werden oder wenn eine Unterstützungskasse die nach ihrer Versorgungsregelung vorgesehene Versorgung nicht erbringt.

(2) Versorgungsberechtigte, die bei Eintritt des Versicherungsfalles eine unverfallbare Versorgungsanwartschaft aus einer unmittelbaren Versorgungszusage oder Direktversicherung haben, und gegebenenfalls ihre Hinterbliebenen erhalten bei Eintritt des Versorgungsfalles einen Anspruch gegen den Versicherer. Satz 1 gilt entsprechend für Personen, die zum Kreis der Begünstigten einer Unterstützungskasse gehören. Die Höhe des Anspruchs richtet sich nach der Höhe der Leistungen gemäß § 2 Abs. 1 und Abs. 2 Satz 2 BetrAVG bei Unterstützungskassen nach dem Teil der nach der Versorgungsregelung vorgesehenen Versorgung, der dem Verhältnis der Dauer der Betriebszugehörigkeit zu der Zeit vom Beginn der Betriebszugehörigkeit bis zum Erreichen der in der Versorgungsregelung vorgesehenen festen Altersgrenze entspricht; § 2 Abs. 5 BetrAVG ist entsprechend anzuwenden.

(2a) Ergibt sich aus der Versorgungsregelung (z. B. Versorgungszusage, betriebliche Übung) des Versicherungsnehmers nichts über die Voraussetzungen und/oder die Höhe eines vorgezogenen oder hinausgeschobenen Altersruhegeldes, so gilt folgendes:

a) Vorgezogenes Altersruhegeld kann gemäß § 6 BetrAVG in Anspruch genommen werden. Auch Versorgungsberechtigte ohne Anspruch auf vorgezogenes Altersruhegeld aus der gesetzlichen Rentenversicherung können vorgezogenes Altersruhegeld beim Versicherer verlangen, wenn sie aufgrund ihres Erwerbslebens die Voraussetzungen der §§ 25 AVG, 1248 RVO oder 48 RKG erfüllt haben würden, sofern sie der Versicherungspflicht in der gesetzlichen Rentenversicherung unterlegen hätten oder nicht von ihr befreit gewesen wären.

b) Nimmt der Versorgungsberechtigte vor der in der Versorgungsregelung des Versicherungsnehmers vorgesehenen festen Altersgrenze Altersruhegeld in Anspruch, so wird der sich aus der Versorgungsregelung für die Zeit vom Beginn der Betriebszugehörigkeit bis zum Zeitpunkt der Inanspruchnahme des Altersruhegeldes ergebende, der Berechnung nach Abs. 2 Satz 3 zugrundezulegende Vollanspruch für jeden Monat des vorgezogenen Beginns der Leistung um 0,5 % gekürzt.

c) Nimmt der Versorgungsberechtigte nach der in der Versorgungsregelung des Versicherungsnehmers vorgesehenen festen Altersgrenze Altersruhegeld in Anspruch, so wird der sich aus der Versorgungsregelung für die Zeit vom Beginn der Betriebszugehörigkeit bis zur festen Altersgrenze ergebende, der Berechnung nach Abs. 2 Satz 3 zugrundezulegende Vollanspruch für jeden Monat des späteren Beginns der Leistung um 0,5 % erhöht.

(3) Leistungen des Versicherers gelten als erbracht, sobald und soweit Pensionskassen oder Lebensversicherungsunternehmen sich dem Versicherer gegenüber verpflichtet haben, diese Leistungen zu erbringen, und der Versorgungsberechtigte ein unmittelbares Recht erwirbt, die Leistungen zu fordern.

(4) In entsprechender Anwendung des § 3 Abs. 2 BetrAVG kann eine Abfindung gezahlt werden, wenn die Versorgungsanwartschaft auf einer Versorgungszusage beruht, die weniger als zehn Jahre vor Eintritt des Versicherungsfalles erteilt wurde. Satz 1 gilt entsprechend für Personen, die zum Kreis der Begünstigten einer Unterstützungskasse gehören.

(5) Zur Feststellung des Anspruchs auf die Versicherungsleistung werden von den bei Eintritt des Versicherungsfalles bestehenden Versorgungsansprüchen abgesetzt.

a) aufrechenbare Forderungen, die der Versicherungsnehmer abzuziehen berechtigt war,

b) Erlöse aus Pfandrechten, Sicherheiten, Bürgschaften und dergleichen,

c) Leistungen der betrieblichen Altersversorgung, die der Arbeitgeber oder der sonstige Träger der Versorgung erbringt.

Versorgungsanwartschaften mindern sich entsprechend.

(6) Die Ansprüche auf die Versicherungsleistung können nicht abgetreten werden. Auch eine andere Verwendung der Versicherungsleistung kann nicht verlangt werden.

## § 5

## Leistungsbeschränkungen und -ausschlüsse

(1) Der Versicherer kann bei Versicherungsfällen, die durch kriegerische Ereignisse, innere Unruhen, Naturkatastrophen oder durch Kernenergie verursacht werden, mit Zustimmung der Aufsichtsbehörde die Leistung nach billigem Ermessen abweichend von diesen Bedingungen festsetzen.

'2) Ein Leistungsanspruch besteht insoweit nicht, als nach den Umständen des Falles die Annahme gerechtfertigt ist, daß es der alleinige oder überwiegende Zweck der Versorgungszusage, ihrer Erhöhung oder sonstigen Verbesserung, der Beleihung oder Abtretung eines Anspruchs aus einer Direktversicherung mit unwiderruflichem Bezugsrecht gewesen ist, den Versicherer in Anspruch zu nehmen. Diese Annahme ist insbesondere dann gerechtfertigt, wenn bei Erteilung oder Verbesserung der Versorgungszusage wegen der wirtschaftlichen Lage des Arbeitgebers zu erwarten war, daß die Zusage nicht erfüllt werde.

(3) Verbesserungen der Versorgungszusagen werden bei der Bemessung der Leistungen nicht berücksichtigt, soweit sie in dem letzten Jahre vor dem Eintritt des Versicherungsfalles größer gewesen sind als in dem diesem Jahr vorangegangenen Jahr.

## § 6

## Beiträge

(1) Die Beiträge werden von den Versicherungsnehmern nach Maßgabe der nachfolgenden Beträge erhoben, soweit diese sich auf die laufenden Versorgungsleistungen und die nach § 1 BetrAVG unverfallbaren Versorgungsanwartschaften beziehen (Beitragsbemessungsgrundlage):

a) Bei Versicherungsnehmern, die Leistungen der betrieblichen Altersversorgung unmittelbar zugesagt haben, ist Beitragsbemessungsgrundlage der Teilwert der Pensionsverpflichtung (§ 6a Abs. 3 des Einkommensteuergesetzes).

b) Bei Versicherungsnehmern, die eine betriebliche Altersversorgung über die Direktversicherung mit widerruflichem Bezugsrecht durchführen, ist Beitragsbemessungsgrundlage das geschäftsplanmäßige Deckungskapital. Für Direktversicherungen, bei denen der Versicherungsfall bereits eingetreten ist und für Versicherungsanwartschaften, für die ein unwiderrufliches Bezugsrecht eingeräumt ist, ist das Deckungskapital nur insoweit zu berücksichtigen, als die Direktversicherungen abgetreten oder beliehen sind.

c) Bei Versicherungsnehmern, die eine betriebliche Altersversorgung über eine Unterstützungskasse durchführen, ist Beitragsbemessungsgrundlage das Deckungskapital für die laufenden Leistungen (§ 4d Abs. 1 Nr. 1 Buchst. a) des Einkommensteuergesetzes) zuzüglich des Zwanzigfachen der nach § 4d Abs. 1 Nr. 1 Buchst. b) des Einkommensteuergesetzes errechneten jährlichen Zuwendungen für Leistungsanwärter; sofern die Unterstützungskasse keine über 55 Jahre alten Leistungsanwärter im Sinne des § 4d Abs. 1 Nr. 1 Buchst. b) des Einkommensteuergesetzes hat, treten für die Berechnung der Beiträge an ihre Stelle sämtliche Leistungsanwärter, bei denen die Voraussetzungen des § 1 Abs. 1 BetrAVG erfüllt sind.

Maßgeblich ist die Beitragsbemessungsgrundlage am Schluß des Wirtschaftsjahres des Versicherungsnehmers, das im abgelaufenen Kalenderjahr geendet hat.

(2) Versicherungsperiode ist das Kalenderjahr. Der Beitrag ist jährlich in einem Betrage zu entrichten. Auf den Beitrag werden Vorschüsse erhoben.

(3) Der Beitrag oder Vorschuß ist spätestens einen Monat nach Zugang der Rechnung zu zahlen. Wird er nicht innerhalb dieser Frist entrichtet, kön-

nen Zinsen bis zu 1 % des Beitrages oder Vorschusses pro Monat erhoben werden.

(4) Rechnungen über Beiträge oder Vorschüsse sind Beitragsbescheide im Sinne von § 10 Abs. 4 BetrAVG.

§ 7

**Mitteilungs- und Auskunftspflicht des Versicherungsnehmers**

(1) Der Versicherungsnehmer hat dem Versicherer spätestens bis zum 30. September eines jeden Kalenderjahres die Höhe des nach § 6 Abs. 1 für die Bemessung des Beitrages maßgebenden Betrages bei unmittelbaren Versorgungszusagen aufgrund eines versicherungsmathematischen Gutachtens, bei Direktversicherungen aufgrund einer Bescheinigung des Lebensversicherungsunternehmens und bei Unterstützungskassen aufgrund einer nachprüfbaren Berechnung mitzuteilen. Der Versicherer kann verlangen, daß die Höhe der Beitragsbemessungsgrundlage durch einen vom Versicherer anerkannten versicherungsmathematischen Sachverständigen attestiert wird. Der Versicherungsnehmer hat die nach den Sätzen 1 und 2 erforderlichen Unterlagen mindestens sechs Jahre aufzubewahren.

(2) Der Versicherungsnehmer ist verpflichtet, dem Versicherer alle Auskünfte zu erteilen und alle Unterlagen vorzulegen, die im Leistungsfall zur Feststellung der Zahlungsunfähigkeit und der Höhe des Ausfalls erforderlich sind.

(3) Der Versorgungsberechtigte und gegebenenfalls seine Hinterbliebenen können einen Anspruch gegen den Versicherer nur geltend machen, wenn sie in dem Umfang, in dem der Versicherer es zumutbarerweise verlangen kann, dazu beitragen, dem Versicherer die Feststellung der Leistung dem Grunde und der Höhe nach sowie die bedingungsgemäße Verwendung der Leistung zu ermöglichen. Insbesondere haben sie auf Verlangen des Versicherers die Versorgungszusage vorzulegen und diesbezügliche Auskünfte zu erteilen, die Zahlungsunfähigkeit des Versicherungsnehmers glaubhaft zu machen und im Falle des § 4 Abs. 3 dem Abschluß eines Versicherungsvertrages auf ihr Leben zuzustimmen.

(4) Die für die Durchführung der Insolvenzsicherung nach den Abs. 1 bis 3 erforderlichen Unterlagen sind beim Versicherer auf dessen Verlangen im Original oder in öffentlich beglaubigter Form vorzulegen.

§ 8

**Schlußbestimmungen**

(1) Mündliche Nebenabreden haben keine Gültigkeit. Von den Allgemeinen Versicherungsbedingungen und etwaigen Besonderen Bedingungen ab-

weichende Bedingungen gelten nur, soweit sie im Versicherungsschein oder in einem Nachtrag dazu dokumentiert worden sind.

(2) Die §§ 4 bis 7 können mit Wirkung für bestehende Versicherungsverhältnisse geändert werden, wenn die Aufsichtsbehörde auch insoweit zustimmt.

(3) Erfüllungsort für die beiderseitigen Verpflichtungen ist der Sitz des Versicherers in Köln.

Genehmigt durch Verfügungen des Bundesaufsichtsamtes für das Versicherungswesen
vom 23. Dezember 1974 IV – A 81 c – 31/74,
26. Juli 1976 IV – 5856 – 5/76,
16. August 1979 IV – 5856 – 19/79.

Druck: Ludw. Flöttmann KG, Gütersloh

FSC
www.fsc.org
MIX
Papier | Fördert
gute Waldnutzung
FSC® C083411

Kolibri 360 GmbH
Ferdinand-Jühlke-Straße 7
99095 Erfurt, Deutschland
produktsicherheit@kolibri360.de